Parbleu! Nous avons fait ensemble
Un vrai repas de Bourguignon.

(*Page 96*)

FOLLETT MODERN FRENCH SERIES

SIX FARCES d'ANTAN

par

Marjorie Mullins

DOCTEUR DE L'UNIVERSITÉ DE TOULOUSE
PROFESSEUR À BAYLOR COLLEGE

1932

FOLLETT PUBLISHING COMPANY

CHICAGO

The plays in this collection are used by permission
of, and special arrangement with, the publisher,
Delagrave, Paris

PRÉFACE

The farces included in this edition are presented in the hope that the American student of French will find pleasure in studying them. The four written in prose, so far as the editor has been able to discover, have not been published in this country in any form; *Le Pâté et la Tarte* and *Le Cuvier* have not been published heretofore in the form given in this collection.

There are many reasons why a student of French should be interested in the study of the French farce. It is one of the earliest and most important types of literature. In addition to its literary importance, it is valuable in that it depicts faithfully the life of the great middle class of the medieval period.

But aside from the interest which the farce holds for the students of medieval life and literature, it appeals through its gaiety and rollicking good humor. Nowhere can be found more action than in a lively farce that has interested people of many countries for many centuries. As action is a very important factor in the learning of a language, the material found in *Six Farces d'Antan* is useful for its dramatic possibilities.

Three of the farces in this collection (*La Farce du Chaudronnier*, *La Farce d'Ésopet et du Couturier* and *La Farce du Cuvier*) have been successfully dramatized in the Baylor College French Club with very little preparation as to stage setting and costumes. The simplicity of setting and costuming which is suitable to all of these plays will permit students to produce several of them within the period of a school year. Moreover, this simplicity provides opportunity for

iii

originality in costume and for initiative on the part of the student.

As this book is intended for those who have only an elementary knowledge of French, the language is extremely simple. To aid the student still further, all irregular verb forms that appear in the text are listed in the vocabulary. The past definite form of the verb and the familiar pronoun *tu* do not occur in the four farces written in simplified prose form. In these four farces the number of difficult pronouns (interrogative, demonstrative, and relative) has been reduced to a minimum. While the exercises and notes introduce and explain the various tenses of the verb that occur in the text, it is suggested and indicated that the student use only the present tense for the questions, dictations, and summaries. Because the material has been simplified, this text may be used as a first reading book in connection with the study of grammar. The exercises, which are complete, give the needed repetition and drill necessary for the assimilation of the fundamental principles of a language.

In an attempt to show the approximate degree of difficulty of this text as compared with other texts in use at present, the following figures are given:[1]

Text Used	Percentage of Words in Henmon[2] List	Percentage of Words not Henmon List
First Year:		
Moore and Allen: Elements of French (Part I)	85%	15%

[1] The above figures are taken from an article by Mary C. Murray, "A Comparison of Vocabularies in French Texts," *Modern Language Forum* (January, 1926).

[2] Henmon, V. A. C., *A French Word Book Based on a Count of 400,000 Running Words*, Bureau of Educational Research Bulletin, No. 3, September, 1924, University of Wisconsin, Madison, Wis.

Méras: Le Petit Vocabulaire (Two Semesters of First Year)	83%	17%
Méras and Roth: Petits Contes de France..................	81%	19%

Second Year:

Moore and Allen: Elements of French (Part II).............	84%	16%
Méras: Le Petit Vocabulaire (Two Semesters of Second Year)......................	71%	29%

Seventy-five per cent of the words in this collection of farces occur in the Henmon Word Book. A study of Miss Murray's figures would lead one to assume that those texts with the highest percentages of words found in the Henmon Word Book are the simplest ones. On this basis, this collection of farces may be seen to range in difficulty of vocabulary between Méras and Roth's *Petits Contes de France* and Méras' *Le Petit Vocabulaire* (Two Semesters of Second Year). Since where possible, all difficult terms have been eliminated from the text of the four farces written in prose, these farces, if taken separately, would be found to have even a higher percentage of words which occur in the Henmon Word Book than the tabulation for the six plays taken together would indicate.

The vocabulary of the four farces written in prose has been checked and limited by the Vander Beke Word Book also.[3]

In the preparation of this text, free use has been made of

[3] Vander Beke, George E., *French Word Book*, Publications of the American and Canadian Committees on Modern Languages, Vol. XV, Macmillan Co., 1930.

the Cheydleur Idiom List[4] both in the selection of idioms
for the exercises and in the translation of idioms in the
vocabulary.

Grateful acknowledgment is made to Professor A. Marinoni
and Professor L. A. Passarelli of the University of Arkansas
for their assistance in the original preparation of the manu-
script.   The editor is particularly indebted to Professor
Marinoni whose idea it was to present in simple language
this collection of French farces.   Professor Marinoni has
not only helped in the above mentioned ways, but has
given suggestions about the general make-up of the text.
Without his encouragement and advice this little book
would have been impossible.   Sincere thanks are due to
Mademoiselle Elsie Dordan, Professor at the *Institut Normal*
of Toulouse, for her kindly criticism of the French of the
four farces which the editor has rewritten in simplified prose;
to Mrs. Margaret Breck Stone and to Professor Emma C.
King of Baylor College for valuable suggestions; to Miss
Elizabeth Routh, student assistant in the department of
French of Baylor College, who assisted in the preparation
of the vocabulary.

La Farce de Pâté et de la Tarte and *La Farce du Cuvier*
are given in the modern version in poetry by G. Gassies
(des Brulies).[5] The other four farces are simplified prose
translations the editor has made from the modern versions
in poetry by G. Gassies (des Brulies).

Belton, Texas   M. M.
   May, 1931

---

[4] Cheydleur, Frederic D., *French Idiom List*, Publications of the
American and Canadian Committees on Modern Languages, Vol. XVI,
Macmillan Co., 1929.

[5] Paris, Librairie Delagrave 1925.

TABLE DES MATIÈRES

	PAGE
LA FARCE DU CHAUDRONNIER	1
LA FARCE DU SAVETIER ET DU FINANCIER	15
LA FARCE DE CALBAIN	29
LA FARCE DU CUVIER	45
LA FARCE DU PÂTÉ ET DE LA TARTE	77
LA FARCE D'ÉSOPET ET DU COUTURIER	119
RÉVISION GÉNÉRALE	141
ABRÉVIATIONS	147
VOCABULAIRE	149

LA FARCE DU CHAUDRONNIER

PERSONNAGES

L'Homme

La Femme

Le Chaudronnier

La scène se passe devant une vieille maison du quinzième siècle. A gauche sur un banc se trouve un bâton. A droite, un escabeau. Un balai est derrière l'escabeau, contre le mur. Porte de la maison au fond. A travers cette porte entr'ouverte on peut voir un modeste intérieur, grande cheminée, ustensiles de ménage, table rustique.

LA FARCE DU CHAUDRONNIER

SCÈNE PREMIÈRE

L'Homme, *puis* La Femme

L'Homme, *assis sur l'escabeau commence en chantant.*

Il était un homme,

Qui faisait des fagots!

La Femme, *grande, vigoureuse, entre par la porte au fond, un plumeau à la main. Elle dépose le plumeau contre le mur à gauche, et croisant les bras regarde son mari avec mépris.* Vous chantez encore? Vous êtes le plus sot des sots!

L'Homme. Ah! ma femme! Vous ne voulez pas vous moquer de votre petit mari?

La Femme. Vous êtes bien malin, ma foi! Vous n'avez même pas de quoi vous couvrir, sans le sou! Et pourtant vous restez là sans rien faire. Et par-dessus le marché vous chantez! C'est bien mon droit de vous railler, n'est-ce pas?

L'Homme. Mais dites donc, m'amie, ne vaut-il pas mieux rire que de pleurer? Si je chante, c'est pour chasser mes soucis.

La Femme. Vous feriez bien mieux de vous taire. Regardez donc vos chaussures. . . . Pourquoi ne prenez-vous pas soin de les réparer?

L'Homme. On voit bien que mon talent de chanteur vous blesse, ma femme.

La Femme. Vous chantez comme un âne qu'on caresse avec un bâton. Votre voix criarde me fait mal aux oreilles.

3

L'Homme. Je vous laisse parler, ma femme, mais plus tard vous changerez de ton, quand je vous donnerai du bâton.

La Femme. La bonne blague! Me donner du bâton, à moi! Vous me prenez pour une autre femme.

L'Homme. Tenez! attrapez cela, douce princesse!

La Femme. Et vous, cela, joli mignon! (*L'Homme et la Femme se battent.*)

L'Homme. Recevez, chère âme, cette caresse de votre mari. (*Il la frappe sur le menton.*)

La Femme. Et vous, mon seigneur, recevez l'hommage de votre femme. (*Elle lui donne un soufflet sur le visage.*)

L'Homme, *saisissant le bâton.* Allons, rendez-vous! (*Il la frappe.*)

La Femme. Voulez-vous que je me rende? Jamais! Plutôt mourir.

L'Homme. Nous verrons. Je vous donnerai un remède qui vous guérira pour jamais.

La Femme. Je ne vous crains pas, méchant, infâme! Je peux toujours me défendre.

L'Homme. En parlant? Ah, pour ça, j'en conviens! Pour avoir du caquet, vous êtes sans égal.

La Femme. Pour caqueter ou pour me taire, je me flatte que je puis faire ce qui me plaît. Sachez-le bien, mon ami.

L'Homme. Vous pouvez vous taire, à volonté? On verrait plutôt le diable devenir ange qu'une femme rester sans jaser à tout propos.

La Femme. Vraiment? Que vous connaissez bien la femme! Eh bien, je vous répète que je peux me taire si je veux.

L'Homme. Impossible. Il n'y a pas moyen de me faire croire cela.

Ils restent immobiles et muets.

LA FEMME. Il vous faut des preuves évidentes? Alors gageons que je resterai plus longtemps que vous sans rien dire. Voulez-vous?

L'HOMME. Vous voulez dire que ce serait moi qui commencerais à parler? Jamais! Jamais de la vie!

LA FEMME. Mais gageons, quand même. Ce serait amusant.

L'HOMME. A quoi bon? Mais tant pis, parions ce que vous voudrez.

LA FEMME. Très bien donc. Sans plus rien dire, mettez-vous là, croisez les bras! Ne répondez à nul propos. Vous devez rester muet quoi qu'il arrive. Et moi, je serai comme une statue. Je jouerai mon rôle et vous verrez que je gagnerai. Alors, si je gagne ce sera moi qui serai maîtresse dans la maison.

L'HOMME. C'est entendu! Mais si vous perdez vous serez mon humble servante et vous m'obéirez toujours en toutes choses!

LA FEMME. Je le promets très volontiers. (*Ils s'assoient tous deux devant la porte; la Femme sur le banc, l'Homme sur l'escabeau. Ils restent immobiles et muets.*)

SCÈNE II

Les Mêmes, Le Chaudronnier

(*Le Chaudronnier entre à gauche. Il y a une couleur quelconque dans le pot qu'il porte. Il porte, en outre, un grand chaudron.*)

Le Chaudronnier, *tous ses mouvements sont vifs et gais.*
Avez-vous des chaudrons à réparer? (*Il regarde l'Homme et la Femme qui sont immobiles comme des statues.*) Ne m'entendez-vous pas crier? Chaudrons, chaudronnier, chaudrons, vous dis-je. Je suis un bon ouvrier. Répondez-moi, dame et seigneur! N'avez-vous pas de chaudrons à réparer? (*Plus haut.*) M'entendez-vous? (*Il s'adresse à la Femme en particulier.*) Êtes-vous sourde? Et cet autre, est-il votre époux? (*Il se retourne vers la Femme et dit plus doucement.*) Allons, ma belle, dites-moi, êtes-vous muette, insensée? Qu'avez-vous? Répondez-moi, je vous prie! (*Il les regarde tour à tour avec étonnement.*) (*A part.*) Pourtant, leurs yeux sont grands ouverts. (*A l'Homme.*) Allons, parlez! (*A part.*) Il ne bouge pas. Qu'il doit être fatigué, le pauvre diable! A le voir on dirait que c'est l'image de saint Côme ou d'un saint Martin. (*A l'Homme.*) Il vous faut une épée, mon ami. (*Il lui met à la main le balai, qui se trouve à droite.*) Il vous manque encore quelque chose. Une mitre . . . Tenez, . . . Ce sera, ma foi, ce chaudron! (*Il le coiffe du chaudron.*) Cela vous va à merveille, mais il manque à Votre Grandeur de la barbe et de la moustache. (*Il le noircit avec la couleur qui est dans le pot. Puis il prend le plumeau que la Femme a déposé à gauche et le lui met sur la tête.*) Voilà, pour votre panache, mon beau monsieur. (*Il fait un pas en arrière et contemple l'effet avec satisfaction.*) Regardez-moi ça. C'est superbe! Voici certainement un aimable sire. Mais faut pas faire le moindre mouvement. Et gardez-vous bien de rire. Cela gâterait tout. (*Il s'in-*

cline devant l'Homme.)   Salut à Votre Sainteté.   (*L'autre
reste toujours muet et immobile.*)   Mais que désirez-vous
encore? Il ne vous manque plus rien.   (*Il se tourne gaiement
vers la Femme.*)   Chacun à son tour.   Voyons brunette!
Venus, mère de Cupidon, n'est pas si charmante, si ravissante
que vous, ma belle.   Permettez-moi de m'approcher de vous
et de vous faire la cour.   (*Il s'approche en mettant la main
sur son cœur, et s'agenouille devant la Femme.*)   Voyez
m'amie, me voici à vos genoux.   Récompensez-moi d'un
beau sourire et donnez-moi un peu la main.   (*Il lui prend
la main.*)   Écoutez-moi, reine d'amour, écoutez-moi, . . .
votre bras blanc . . .

L'Homme, *furieux.*   Canaille, fripon!   Voulez-vous laisser
tranquille ma femme?   Ôtez-vous de là et faites vite ou je
vais vous casser la tête.   (*Il le bouscule.   Tous les ustensiles
tombent bruyamment.   Il frappe le Chaudronnier avec vigueur.*)

Le Chaudronnier.   Holà! aïe, ma tête!   Il m'a joliment
battu!

La Femme, *l'air content.*   Vous voyez, mon mari, que c'est
bien moi qui ai gagné.   Dès maintenant, souvenez-vous-en
bien, je serai maîtresse dans ma maison.

L'Homme, *toujours en colère.*   Allons ça!   Pourquoi
écoutez-vous les chansons de ce brigand-là?   Répondez-moi
ça!

La Femme.   Pourquoi pas?   N'ai-je pas gagné le pari?
Mon petit mari, ne l'oubliez pas!

L'Homme, *exaspéré.*   Eh quoi!   Faut-il donc que j'endure
de vous voir ainsi cajoler?

La Femme, *tranquillement.*   Mais ne fallait-il pas se taire?
(*Plus amicalement.*)   Allons, faisons la paix.   Cet homme
n'a rien fait de mal.   Et grâce à lui j'ai la victoire.   Allons
célébrer ensemble, allons boire un coup.

L'Homme, *toujours furieux.*   Mais non, mais non!   Mais
non vraiment!

La Femme, *se redresse de toute sa grande taille et dit d'un ton d'autorité.* Et moi, je le veux!

L'Homme, *résigné.* Allons-y donc!

La Femme, *avec malice.* Et vous boirez à ma santé.

Le Chaudronnier, *gaiement.* Vivent les femmes!

L'Homme, *l'air bourru.* Oui, pour la perte de nos âmes! (*Tous les trois entrent l'un après l'autre dans la maison.*)

RIDEAU

EXPLICATIONS ET EXERCICES
LA FARCE DU CHAUDRONNIER
Scène Première

A. Explications:

pardessus le marché: en outre.　Traduisez: *besides, into the bargain.*

dites donc! Expression exclamatoire qui exprime la surprise, l'incrédulité. *I say!, Look here!*

m'amie *f.* Abréviation familière de **ma amie.**

La bonne blague! Expression familière qui correspond à *hot air, apple sauce.*

Plutôt mourir! *I'd rather die!* **Plutôt,** adverbe qui marque la préférence. Il demande l'infinitif du verbe après.

pour ça. *when it comes to that.*

j'en conviens. *I grant you that, I admit (it).*

ce serait moi qui commencerais à parler. *I will be the one to start talking.* **Ce** avec **être** s'emploie devant un mot pour donner plus de force.

Vous devez rester muet. *You are to remain silent.* Il vaut bien la peine de comprendre à fond le verbe **devoir.** Le plan suivant est donné dans l'espoir de vous être utile.

Plan du verbe devoir.

1. Une dette.　Temps: tous les temps.
　　Exemple: Je vous dois quinze francs.

2. Le devoir.   Temps: conditionnel, conditionnel anté-
rieur, présent.

  a. Spécifique.   Temps: conditionnel, conditionnel an-
térieur.

    Exemples: Je devrais aller la voir ce soir.

            J'aurais dû aller la voir hier soir.

  b. Général (perpétuel).   Temps: présent.

    Exemple: Je dois aimer mes parents.

3. Un plan arrêté.   (*A plan definitely decided on.*)   Temps:
présent, imparfait.

    Exemples: Nous devons aller au théâtre ce soir.   *We
are supposed to go; we are to go . . .*

            Nous devions aller au théâtre hier soir.
We were supposed to go; we were to go . . .

4. La probabilité.   Temps: présent, passé indéfini.

    Exemples: Vous n'avez pas mangé depuis hier; vous
devez (*must*) avoir faim.

            Vous avez dû être (*must have been*) fa-
tigué après votre examen.

quoi qu'il arrive. *no matter what happens.* **Arrive** est
subjonctif après **quoi que.**   Nommez quelques conjonctions qui demandent le subjonctif.

B. Répondez:

1. Pourquoi la Femme gronde-t-elle son mari?
2. Que lui dit-elle?
3. Que lui répond-il?
4. Que ferait-il mieux de faire, d'après la Femme?
5. Quelle sorte de voix l'Homme a-t-il?
6. Quand la Femme changera-t-elle de ton?
7. Quel est le pari?
8. Que font-ils à la fin de la première scène?

C. Observez[1] les expressions suivantes et cherchez les phrases
dans le texte où elles se trouvent; traduisez-les; faites entrer ces
expressions dans des phrases originales:

Modèle: se moquer de quelqu'un (qqn.).   Phrase dans le

---

[1] **Observez** se prononce (ɔpsɛrve).

texte: Vous ne voulez pas vous moquer de votre petit mari. *You don't want to make fun of your dear husband.* Phrase originale: La Femme se moque de l'Homme parce qu'il ne chante pas bien.

    1. changer de quelque chose (qch.)

    2. donner qch. à qqn.

    3. commencer à faire qch.

    4. répondre à qch. *ou* à qqn.

    5. obéir à qqn.

D. Cherchez dans le texte des expressions équivalentes aux mots en italiques:

    1. Et pourtant vous restez là sans *travailler*.

    2. Eh bien, je vous répète que je peux *garder le silence* si je veux.

    3. Vous pouvez vous taire *quand vous voulez?*

    4. *Impossible* de me faire croire cela.

    5. Je le promets *avec plaisir.*

    6. L'Homme et la Femme restent muets et *sans mouvement.*

E. Étude de mots:

Étudiez le tableau suivant; trouvez dans le texte la phrase qui contient soit le verbe soit le nom du tableau; écrivez la phrase et lisez-la à haute voix.

Modèle: La Femme grande et vigoureuse entre par la porte au fond, etc.

Verbes	Noms
1. entrer	1. l'entrée *f.*
2. remédier	2. le remède
3. vouloir	3. la volonté
4. répéter	4. la répétition (*rehearsal*)
5. commencer	5. le commencement
6. obéir	6. l'obéissance *f.*

Scène II

A. Explications:

en outre: de plus.

leurs yeux sont grands ouverts. *their eyes are wide open.*

Qu'il doit être fatigué. *How tired he must be.* La probabilité. Voyez le plan du verbe **devoir,** pages 8, 9.

Regardez-moi ça. *Just look at that.*

faut pas faire le moindre mouvement. Forme abrégée pour **il ne faut pas faire le moindre mouvement.**

Il lui prend la main. On se sert de l'article défini avec les parties du corps. **Lui** est complément indirect de la personne. Autres exemples:

La bonne lui lave la figure.

Ma robe me tombe sur les talons.

Ôtez-vous de là. Expression familière qui correspond à *Get out!*

faites vite. *be quick about it.*

bruyamment. Adverbe qui signifie **avec bruit.** Remarquez bien l'orthographe. bruyant, *adj.* bruyamment, *adv.* courant, *adj.* couramment, *adv.*

Holà! L'h est aspiré. Interjection dont on se sert pour appeler: **Holà!** qqn. Pour arrêter qqn. **Holà! plus un mot!** Ce dernier est le sens du texte.

aïe! Interjection qui exprime une douleur physique. **aïe! ma tête!** *ouch! my head!*

Il m'a joliment battu. Joliment, mot familier pour **beaucoup.**

boire un coup. Expression familière qui correspond à *to take a drink.* Remarquez les différents usages du mot **coup:**

un **coup** de pied, *a kick*

un **coup** d'œil, *a glance*

un **coup** de théâtre, *an unexpected, sensational event*

un **coup** d'état, *a sudden revolution, a decisive act*

un **coup** de feu, *a shot*

tout à **coup,** *suddenly*

à **coup** sur, *certainly*

manquer son **coup,** *to miss one's aim, one's object; to fail*

Vivent les femmes! *Long live women!* **Vivent** subjonctif présent du verbe **vivre**. **Vive la France!** *Long live France!*, etc.

B. Répondez:

1. Comment sont les mouvements du Chaudronnier?
2. A qui s'adresse-t-il?
3. Qu'est-ce qu'il dit?
4. Comment regarde-t-il l'Homme et la Femme?
5. Que donne-t-il à l'Homme?
6. Pourquoi faut-il que l'Homme reste tranquille?
7. Que fait-il devant la Femme?
8. Que lui dit-il?
9. Que dit le mari? Que fait-il?
10. Pourquoi la Femme est-elle contente?
11. L'Homme veut-il faire la paix?
12. Comment célèbre-t-on la victoire de la Femme?
13. Que dit le Chaudronnier?
14. Quelle est la réponse de l'Homme?

C. Observez les expressions suivantes et cherchez les phrases dans le texte où elles se trouvent; traduisez-les; faites entrer ces expressions dans des phrases originales:

Modèle: avoir qch. à faire. Phrase dans le texte: Avez-vous des chaudrons à réparer? *Have you any caldrons to repair?* Phrase originale: J'ai des lettres à écrire.

1. s'adresser à qqn.
2. manquer à qqn.
3. permettre à qqn. de faire qch.
4. se souvenir de qch.

D. Étude de mots:

Complétez le tableau suivant; trouvez la phrase dans le texte qui contient soit le verbe soit le nom; écrivez-la et lisez-la à haute voix:

Modèle: Avez-vous des chaudrons à réparer? Il les re-garde tour à tour avec étonnement.

Verbes	Noms
1. réparer	1. la
2. regarder	2. le
3.	3. l'époux—l'épouse
4. répondre	4. la
5.	5. la satisfaction
6. désirer	6. le
7. agenouiller	7. le
8. récompenser	8. la
9.	9. le sourire
10.	10. la chanson
11.	11. le pari
12. boire	12. la
13. vivre	13. la
14.	14. la perte

Exercices de Récapitulation

A. Remplacez chaque tiret par un mot convenable:

1. La Femme trouve que son mari reste à ne ——— faire.
2. Elle le ——— avec mépris.
3. La voix ——— de l'Homme lui ——— mal ——— oreilles.
4. L'Homme devrait ——— ses chaussures.
5. Le Chaudronnier désire ——— les chaudrons.
6. La Femme changera ——— ——— quand son mari lui donnera ——— ———.
7. L'Homme et la Femme ——— battent.
8. La Femme ne ——— pas se rendre.
9. Le Chaudronnier pense que l'Homme est sourd ——— ——— ———.
10. Les yeux sont ——— ouverts.
11. Il lui met un ——— sur la tête.
12. Il le coiffe d'un ———.
13. Le Chaudronnier s'——— devant la Femme.
14. L'Homme, furieux, ——— le Chaudronnier.

15. La Femme gagne le ———.
16. Tous les trois entrent ——— la maison pour boire un ———.

B. Étude de mots:

1. Faites une liste des antonymes; cherchez les antonymes et dans le texte de la leçon et dans le dictionnaire.

Modèle: (femme) vigoureuse   (femme) faible

2. Faites également (*likewise*) une liste des synonymes.

Modèle: gager   parier

3. L'élève qui aura la liste la plus complète la mettra sur le tableau noir.

C. Racontez très simplement l'histoire de la Farce, en vous servant des mots et des expressions suivants et des autres au besoin; limitez-vous au présent du verbe; pensez surtout à l'action:

1. assis	15. bouger
2. chanter	16. mettre
3. entrer	17. coiffer (de)
4. dire	18. noircir
5. se battre	19. prendre
6. le pari	20. s'incliner
7. rester	21. s'approcher (de)
8. immobile	22. s'agenouiller
9. Chaudronnier	23. furieux
10. arriver	24. battre
11. regarder	25. gagner
12. crier	26. écouter
13. se tourner (se retourner)	27. faire la paix
14. sourd, muet	28. boire un coup

Le résumé: L'Homme est assis devant la porte. Il chante gaiement quand sa femme entre, etc. . . .

LA FARCE DU SAVETIER ET DU FINANCIER

PERSONNAGES

Le Savetier

Le Financier

Le Juge

La scène représente une place publique et se passe dans un décor simultané. A l'extrême gauche, un banc et des outils qui représentent la boutique du savetier à l'enseigne du Drouet, *Savetier*. Au milieu, un autel et des cierges allumés qui représentent la chapelle. A l'extrême droite, une estrade avec le siège du Juge. Ce décor est très simple. Des écrans séparent les scènes.

LA FARCE DU SAVETIER ET DU FINAN-CIER

SCÈNE PREMIÈRE

Le Savetier, Le Financier

(*Le Savetier, installé à son travail, chante joyeusement en frappant sur un soulier.*)

Le Financier, *entre et dit à part.* Quoi? Toujours cette éternelle chanson? Qu'est-ce qui peut bien le rendre si gai? Il n'a guère de quoi vivre! D'où vient donc toute cette gaieté? (*Il s'approche du Savetier.*) Bonjour, voisin, que Dieu vous garde!

Le Savetier, *amicalement.* Vous de même, Seigneur. Avez-vous besoin de quelque chose?

Le Financier. Rien, merci. (*S'approchant du Savetier encore davantage.*) Vous êtes heureux, mon ami? Et pourtant votre vie est dure, vous n'avez pas le sou.

Le Savetier. Quoi? Seigneur, est-ce un reproche? Je chante parce que je n'ai pas de soucis. Si je n'ai pas d'argent, je n'ai pas peur qu'on me vole.

Le Financier. Oui, mais pensez à votre vieillesse. Sans argent que ferez-vous? Avec de l'or, la vie est belle.

Le Savetier. Oui, mais si l'on perd cet or? Eh bien, après? Je n'ai pas envie de richesse, moi. Je suis heureux sans elle et ne songe pas à vieillir.

Le Financier. L'argent vous permet beaucoup de plaisirs. Vous pourriez vivre à votre aise si vous n'aviez que cent écus!

Le Savetier. J'aime mieux mon bonheur que votre argent, allez!

Le Financier. Oui, mais quand on a la bourse pleine, on peut toujours être joyeux. Allez prier Dieu dans cette chapelle-là. Demandez-lui d'avoir pitié de vous.

Le Savetier. S'il ne s'agit que de prière pour avoir de l'argent, je saurai prier Dieu comme un bon chrétien.

Le Financier. Enfin vous voilà plus sage. Il faut être riche, et je vois bien que vous voudriez l'être autant que nous autres! C'est fort bien!

Le Savetier, *d'un air dégagé.* Si le Seigneur avec largesse voulait me donner cent écus, eh bien, Sire, je les accepterais sans façon, sans me faire prier.

Le Financier. Cent écus, vous tenez à ce chiffre? Et s'il vous en donnait un peu moins, les accepteriez-vous?

Le Savetier. Je veux cent écus, somme ronde! C'est ce qu'il me faut pour répondre à tous mes besoins.

Le Financier. Mais, si l'on ne vous en donnait que quarante ou bien cinquante, ne les accepteriez-vous pas?

Le Savetier. Non, non, la somme qui me tente c'est cent écus, ni plus, ni moins!

Le Financier. Cent écus! C'est beaucoup d'argent!

Le Savetier. Pourtant c'est ce que je demande et je n'accepterai pas moins.

Le Financier, *à part.* Je vais me glisser dans un des coins de la chapelle afin de lui jouer un tour qu'il n'oubliera pas. (*Il fait mine de s'éloigner, puis profitant d'un moment où il croit n'être pas vu du Savetier, il se glisse dans la chapelle et se cache derrière l'autel.*) (*Le Savetier range ses outils, se lève et entre dans la chapelle. Il s'agenouille.*)

Le Savetier. O Dieu, ayez pitié de moi, et donnez-moi, je vous prie, de l'argent. J'en ai si grand besoin. Je vous en saurai toujours bon gré. Je ne manquerai pas de vous rendre en tous lieux honneur et foi du fond de l'âme.

Le Financier, *changeant sa voix*. Demandez et si votre demande est juste, je vous l'accorderai.

Le Savetier. Seigneur! Veuillez donc offrir cent écus au Savetier qui gagne peu de son métier. Il vous supplie de tout son cœur.

La Voix du Financier. N'en voudriez-vous pas moins de cent?

Le Savetier. Non, je désire la centaine.

La Voix. Si vous voyiez vous échoir soixante écus, qu'en feriez-vous?

Le Savetier. Ah, ma foi! Je n'en voudrais pas!

La Voix. Et si l'on vous donnait moins que cette somme: quatre-vingt-dix-neuf en un tas par exemple?

Le Savetier. Beau Sire, mettez-vous à ma place, me voici pauvre, très pauvre. Et pourtant vous pouvez tout faire.

La Voix. Alors pour soulager un peu votre misère, voici les cent écus, moins un. (*Une bourse pleine tombe aux pieds du Savetier.*)

Le Savetier. Ma foi! Qu'est-ce que je vois? De l'argent! Seigneur Dieu! Un sac d'argent. Plus ou moins plein, je le ramasse! Merci, Seigneur. (*Il ramasse le sac d'argent, se lève et se prépare à l'emporter.*)

Le Financier, *sortant de sa cachette*. Allons, voleur, fripon. Rendez-moi mon argent! Vous imaginez-vous que je vous donne cette somme? D'ailleurs vous ne devriez pas l'accepter!

Le Savetier, *feignant la surprise*. Mais, qu'est-ce qui vous prend? Que voulez-vous me chanter là? Je n'ai fait que suivre vos conseils, et Dieu a bien voulu m'écouter! Maintenant que voulez-vous donc?

Le Financier. Belle demande! Cessons cette plaisanterie-là et rendez-moi mes écus, et faites vite!

Le Savetier. Mais écoutez-moi. J'accepte ce cadeau du ciel. Il arrive fort à propos, d'ailleurs. Il ne fallait pas me dire que l'argent était le vrai bien! Je chantais quand j'étais pauvre, et maintenant étant riche j'espère chanter encore.

Le Financier, *furieux*. Ah çà! Plus de chansons! Je vais vous conduire au Juge.

Le Savetier. Hélas Seigneur, je suis trop mal vêtu, je n'ai pas d'autre vêtement.

Le Financier. Tenez! Je vais vous prêter ma robe. Je serai bien en simple pourpoint. Mais je vous la prête. Souvenez-vous-en bien. (*Il habille le Savetier de sa robe.*)

Le Savetier. Qu'elle est belle! Elle est d'une coupe parfaite et elle me va comme un gant. Vous me la donnez, n'est-ce pas?

Le Financier. Mais non, triple sot! Je vous la prête pour aller devant le Juge. (*Le Savetier se prépare à partir.*) Mais où allez-vous donc?

Le Savetier, *s'arrêtant*. Je vais porter mon argent à la maison.

Le Financier. Mais pas du tout! Mauvais plaisant! Vous allez remettre cet argent au Juge, vous dis-je. Décidez-vous donc à me rendre l'argent. Allez! Vous feriez bien mieux!

Le Savetier, *d'un ton ferme*. Quant à l'argent, je le reçois de Dieu. Je le garde.

Le Financier, *l'air exaspéré*. Ah çà! Allons chez le Juge, canaille, et tout de suite.

SCÈNE II

Devant le Juge

Le Savetier, Le Juge, Le Financier

(*A la fin de la première scène le Juge entre et s'assoit sur le siège.*)

Le Savetier, *saluant le Juge*. Monseigneur! Que Dieu vous bénisse. Comment va votre santé ce matin?

Je ne vous en dirai que deux mots, . . .

Le Juge. Merci, je vais fort bien. Ce n'est pas contre vous que l'on plaide?

Le Financier, *à part.* Il le connaît. Je suis perdu!

Le Juge, *toujours aimable envers le Savetier.* Et comment se porte Jeannette?

Le Financier. Elle se porte toujours bien, merci votre honneur.

Le Juge, *toujours au Savetier.* Allons, exposez le fait de la cause.

Le Savetier. Je ne vous en dirai que deux mots, Monseigneur. Aujourd'hui sur le conseil de mon voisin, ce bon riche (*indiquant d'un mouvement de tête, le Financier*), je suis allé prier le bon Dieu de m'accorder cent écus. Il m'a envoyé les cent écus moins un! Alors, quand je me disposais à les emporter chez moi, mon voisin que voici, est venu prétendant que l'argent était à lui. Voilà toute l'affaire!

Le Financier, *d'un ton autoritaire.* Monsieur le Juge, je demande justice.

Le Juge. Quand j'aurai écouté l'affaire je vous rendrai justice selon mon devoir, monsieur. Soyez-en certain.

Le Financier, *moins assuré.* J'étais caché dans la chapelle et je lui ai jeté ma bourse, mais c'était pour rire.

Le Juge. Et vous prétendez que les écus qu'il a trouvés ainsi ne sont pas à lui?

Le Financier, *d'un ton faible.* Il disait qu'il n'accepterait que la centaine, somme ronde. Et je me suis fié à sa parole. (*D'un ton suppliant.*) Je me contenterai de la moitié.

Le Juge. Demandez à Dieu qu'il vous les rende. Vous les avez donnés en son nom.

Le Savetier. Ce bon jugement vous confond! Soyez moins charitable à l'avenir, mon cher Monsieur.

Le Financier, *toujours suppliant.* Au moins, maître, qu'il me rende ma robe!

Le Juge, *au Savetier.* Quoi! Qu'est-ce encore? Votre robe ne vous appartient pas?

Le Savetier. Mais si! Il me l'a donnée! Elle est à moi.

Le Financier, *furieux.* Quoi donc? C'en est trop! Il me prend mes écus et ma robe!

Le Juge. Que veut-il dire? Il perd la tête.

Le Financier. Mais Monsieur, je vous dis la vérité. Je vous le jure sur mon âme. Je l'ai habillé de ce vêtement pour aller devant le Juge.

Le Juge. Quel ruse! Quel artifice! (*Au Savetier.*) Je vous donne raison, mon ami. Vous pouvez retourner chez vous.

Le Financier, *toujours furieux.* Parbleu, quel voleur! Quel Juge! Je suis volé et je perds ma robe et mes écus.

Le Savetier, *gaiement.* Ils ne sont pas perdus pour moi. Vive la prière!

Tous Trois, *au public.*

Pardonnez-nous jeunes et vieux,
Une autre fois, nous ferons mieux.

RIDEAU

EXPLICATIONS ET EXERCICES

LA FARCE DU SAVETIER ET DU FINANCIER

Scène Première

A. Explications:

Qu'est-ce qui peut bien le rendre si gai? *What in the world makes him so gay?* **Bien,** cet adverbe s'emploie souvent pour accentuer l'idée.

Rendre gai. Rendre s'emploie avec un adjectif. Observez: **rendre** heureux, **rendre** malheureux, **rendre** triste.

ne . . . guère. *hardly, scarcely.* Autres expressions négatives: ne . . . personne; ne . . . rien; ne . . . que.

Il n'a guère de quoi vivre. *He has scarcely anything to live on.*

Observez: Donnez-moi **de quoi** écrire. *Give me something to write with.*

que Dieu vous garde! *may the Lord keep you!*

je n'ai pas de soucis. Pourquoi de?

Sans argent. Après la préposition **sans** on ne met pas d'article.

Exemples: **sans** amis; **sans** écus; **sans** soucis.

Aimer mieux: préférer.

S'agir de: être question de.

je vois bien. Encore un exemple de l'emploi de l'adverbe **bien** pour donner de la force au verbe. **Bien** correspond à *indeed.*

sans façon: sans cérémonie.

Il fait mine: il fait semblant.

la centaine: cent. Expressions semblables: **la douzaine, la quinzaine, la vingtaine,** etc.

si l'on. L' ne se traduit pas ici.

Je n'ai fait que suivre vos conseils. *I only followed your advice.*

Il ne fallait pas me dire. *You shouldn't have told me.*

Ah çà! *Look here!, Come now!, I say!*

robe *f.*, vêtement à manches, long et flottant que por-
taient les hommes chez les anciens et qu'ils portent
encore en Orient.

pourpoint *m.*, vêtement d'homme, du XIIIe au XVIIe
siècle, qui couvrait le corps du cou à la ceinture.

elle me va comme un gant. *it fits me like a glove.*

Mais où allez-vous donc? *Where in the world are you
going?* **Mais** et **donc** s'emploient souvent pour donner
plus de force.

B. Répondez:

1. Qui est joyeux au commencement de la farce?
2. Comment le savons-nous?
3. Quelle question le Financier pose-t-il au Savetier?
4. Que faut-il pour être heureux d'après le Financier?
5. Donnez ses raisons.
6. De quelle somme le Savetier a-t-il besoin pour pouvoir
   vivre à son aise?
7. Quel projet le Financier suggère-t-il au Savetier?
8. Quel mauvais tour joue-t-il au Savetier?
9. Finalement qu'est-ce qui arrive?
10. Que dit le Savetier quand la bourse tombe à ses
    pieds?
11. Que dit le Financier quand le Savetier se prépare à
    l'emporter?
12. Le Savetier consent-il à rendre la bourse?
13. Que va faire le Financier, maintenant?
14. Pourquoi le Financier donne-t-il sa robe au Savetier?

C. Observez les expressions suivantes et cherchez les phrases
dans le texte où elles se trouvent; traduisez-les; faites entrer
ces expressions dans des phrases originales:

1. rendre gai
2. s'approcher de qqn.
3. avoir besoin de qch.
4. penser à qch.
5. avoir envie de qch.
6. ne . . . que
7. demander à qqn. de faire qch.

    8. avoir pitié de qqn.

    9. tenir à qch.

D. Conjuguez aux temps donnés:

    1. Je me suis préparé à partir.

    2. Je me prépare à emporter le sac d'argent; je me prépare à l'emporter.

    3. Je me suis décidé à lui rendre l'argent; je me suis décidé à le lui rendre.

    4. Je ferai mine de m'éloigner.

    5. Je vais me glisser dans un coin de la chapelle.

E. Étudiez la phrase suivante:

Si le Seigneur **voulait** me donner cent écus, je les **accepterais.**

             condition   résultat

    1. Cherchez dans les phrases suivantes la condition et le résultat:

        a. Vous pourriez vivre à votre aise si vous n'aviez que cent écus.

        b. S'il vous donnait moins que cette somme seriez-vous content?

        c. Si vous voyiez tomber à vos pieds soixante écus, qu'en feriez-vous?

        d. Si l'on ne vous en donnait que quarante ne les accepteriez-vous pas?

    2. Quel temps trouvez-vous dans le résultat? dans la condition?

    3. Changez la personne des phrases a, b, c, d.

    4. Écrivez deux phrases originales, montrant que vous comprenez les phrases a, b, c, d.

F. Étudiez la phrase suivante:

Si le Seigneur **veut** me donner cent écus, je les **accepterai.**

             condition   résultat

    1. Maintenant quel temps trouvez-vous dans le résultat? dans la condition?

    2. Changez les temps des phrases a, b, c, d, en vous servant de **F** comme modèle.

3. Changez la personne aussi bien que le temps.

4. Écrivez deux phrases originales montrant que vous comprenez les phrases **E** et **F**.

G. Complétez le tableau suivant:

	Résultat	Condition
le conditionnel	———————	
le futur	———————	

H. Remplacez le mot en italiques par un antonyme:

Modèle: ce décor *simple*   ce décor *compliqué*

1. une coupe *parfaite*
2. une bourse *pleine*
3. une vie *dure*
4. le Savetier *heureux*
5. le Financier *furieux*
6. une chanson *gaie*
7. une *belle* robe
8. le Financier *riche*

Scène II

A. Explications:

Monseigneur *m.* Titre d'honneur donné aux personnes d'une dignité éminente.

Et comment se porte Jeannette? Et comment va Jeannette?

Mais si! *Why, of course it does!* Si s'emploie pour **oui** après une question négative.

Quoi donc? *What's that?*

Retourner. *To return (to go back)*. Observez: rentrer, *to return (home)*; revenir, *to return (to come back)*; rendre, *to return (to give back)*.

B. Répondez:

1. Pourquoi le Financier dit-il qu'il est perdu?
2. Qui expose le fait de la cause?
3. Que demande le Financier d'un ton autoritaire?
4. Le Juge quand rendra-t-il justice?

5. Que dit le Financier d'un ton suppliant?

6. A qui faut-il que le Financier demande ses écus?

7. Le Financier que perd-il?

8. Que pense-t-il du Savetier et du Juge?

C. Observez les expressions suivantes et cherchez les phrases dans le texte où elles se trouvent; traduisez-les; faites entrer ces expressions dans des phrases originales:

1. ne . . . que

2. prier qqn. de faire qch.

3. se fier à qch.

D. Étudiez l'indicatif présent des verbes: jeter; (se) lever. Conjuguez:

1. Je lui jette ma bourse.

2. Je me lève tout de suite.

E. Donnez les terminaisons du futur. Conjuguez:

1. Je ne vous en dirai que deux mots.

2. Je prierai le bon Dieu de m'accorder cent écus.

F. Nommez les verbes français qui veulent dire *to return*. Faites entrer ces verbes dans des phrases complètes.

G. Donnez les adjectifs dérivant des noms suivants:

Modèle: la misère   misérable

Noms: la charité, l'amabilité *f.*, l'amitié *f.*, la gaieté, la joie, la vieillesse, la sagesse, la faiblesse, la richesse, la pauvreté, l'éternité *f.*, le voisin, l'autorité *f.*, l'aise *f.*

Exercices de Récapitulation

A. Remplacez chaque tiret par un mot convenable:

1. Pourtant c'est ce ———— il demande et il n'acceptera pas ————.

2. Il va se glisser dans un des ———— de la chapelle afin ———— lui jouer un tour.

3. Il a pitié ———— moi.

4. C'est ———— ———— il me faut pour répondre ———— mes besoins.

5. Qu'est-ce ———— peut bien le rendre si gai?

6. Il est venu prétendant que l'argent était à ————.

   7. Je n' ———— pas peur qu'on me vole.

   8. Qu'est-ce ———— vous prend?

   9. Qu'il me ———— ma robe!

  10. Il habille le Savetier ———— sa robe.

B. La dictée:

Le Financier et le Savetier vont devant le Juge. Le Financier dit qu'il est perdu parce que le Savetier connaît le Juge. Après quelques paroles aimables au Savetier le Juge lui demande d'exposer le fait de la cause. Alors le Savetier raconte l'affaire en deux mots. Il a un voisin, ce bon riche que voici. Ce monsieur lui parle des plaisirs des riches. Sur son conseil, le Savetier se décide à prier Dieu de lui envoyer de l'argent. Une bourse de cent écus moins un tombe à ses pieds. Il se prépare à l'emporter, mais le bon riche l'arrête. Il lui dit que c'est lui qui jette la bourse mais que c'est pour rire. Le Savetier refuse de la rendre et dit qu'il la reçoit de Dieu. Alors le Financier le conduit au Juge. Il demande justice mais le Juge donne raison au Savetier. Le Financier est furieux parce qu'il perd son argent et aussi sa robe qu'il a prêtée au Savetier.

C. Traduisez la dictée. Corrigez votre traduction.

D. Sans notes, sans vocabulaire, mettez votre traduction en français.

LA FARCE DE CALBAIN

PERSONNAGES

Calbain, le savetier

Colette, sa femme

Thomelin, le voisin

La scène se passe dans la maison de Calbain. Boutique de savetier. Table pour un repas. Établi couvert d'outils et de morceaux de cuir. Escabeaux. Portes à droite et à gauche ou au fond.

LA FARCE DE CALBAIN

SCÈNE PREMIÈRE

Colette, *seule*

Colette, *assise sur un escabeau.* La femme est bien folle, ma foi, qui épouse le premier venu. Elle prend un maître. Son cavalier devient bien vite un maître souverain. Je ne suis pas coquette certainement, mais de temps en temps il me faut une robe neuve. Quand je désire parler de l'affaire à mon mari il ne me répond que par des chansons. Je n'ai absolument rien à mettre. Toutes mes robes sont démodées. Cette robe-ci que je porte est trop courte. Voyez ma voisine Jaquette. Elle est toujours bien habillée; elle porte du velours et de la dentelle. Ainsi, moi en cette vieille robe, comment puis-je la fréquenter? Et mon coquin de mari se contente de chanter. Enfin que dois-je faire? (*Elle commence à pleurer, en entendant son mari qui entre.*)

SCÈNE II

Colette, Calbain

Calbain, *entre en chantant, s'installe, et commence à travailler.*

> En revenant du moulin,
> Lanturelure!
> En revenant du moulin
> L'autre matin
> J'ai regardé par la serrure
> Lanturelure!

Colette. Calbain!

31

CALBAIN, *toujours chantant et frappant sur un soulier.*

  Oui! par le trou de la serrure!

  L'autre matin

  En revenant du moulin . . .

COLETTE. Calbain!

CALBAIN *continue à chanter.*

  Lanturelure!

  En revenant du moulin . . .

COLETTE. Eh! me répondrez-vous?

CALBAIN, *chantant.*

  Mon valet buvait mon vin!

  Lanturelure!

  L'autre matin!

COLETTE. Qu'il est têtu! (*Elle tâche de fixer son attention, en se plantant devant lui, en lui touchant le bras, mais il ne semble pas la voir et commence un autre air.*)

CALBAIN, *chantant.*

  Adieu, je vous dis, bourgeoises de Nantes!

  Vos servantes sont bien de vous contentes!

COLETTE. Mais, voyons, voulez-vous m'écouter une fois? (*Suppliant.*) Mon ami, je vous prie, écoutez-moi! Calbain, ne voulez-vous pas répondre à votre femme qui vous supplie. (*En colère.*) Si je vous parlais du repas vous ne chanteriez pas! Faut-il que je mette la table?

CALBAIN. Voilà bien du bon sens,[1] ma femme, car je meurs de faim!

COLETTE. Calbain, écoutez-moi, mon mari. Est-ce que j'aurai une robe demain? Une robe faite à la mode? J'en ai si grand besoin. Cette fois me répondrez-vous?

---

[1] Après **bon** le **s** du mot **sens** ne se prononce pas.

CALBAIN, *chantant.*

> Ils sont à Saint-Jean-des-Choux,
> Les gens, les gens, les gendarmes.
> Ils sont à Saint-Jean-des-Choux,
> Les gendarmes de Poitou.

COLETTE, *exaspérée.* Je crois, moi, que cet homme est fou! J'ai besoin d'une robe neuve, mon mari. Tenez, regardez-moi donc cette robe-ci. (*Elle lui montre la vieille robe qu'elle porte.*)

CALBAIN. Et regardez donc mon pourpoint, ma femme! (*Il lui montre un trou.*)

COLETTE. Qu'importe ce trou? Un homme est toujours bien habillé.

CALBAIN. N'est-ce pas qu'elle est aimable! Que me dites-vous? Je suis flatté. Quant à vous, ma femme, je vous trouve bien, en cette toilette.

COLETTE. On est venu tout à l'heure me proposer pour rien une robe et un joli manteau . . .

CALBAIN, *l'interrompant.* Pour rien? Il fallait donc les prendre!

COLETTE. C'est une façon de parler. Le marchand n'en a demandé que six écus, et c'est pour rien!

CALBAIN, *chantant.*

> Bergerette Savoisienne,
> Qui gardez les moutons au bois,
> Voulez-vous être ma mignonne
> Et je vous donnerai des souliers (*bis*)
> Et un joli chaperon, etc.

COLETTE, *suppliant.* Je ne demande pas grand'chose. C'est si peu, une belle et petite robe! Je veux qu'elle soit grise, si cela peut vous plaire, mon petit mari.

CALBAIN, *chantant.*

> Tire, lire! Tire lire lon laire!
> Tire lire lire lon la!

Colette. Il ne veut jamais m'écouter. Hélas, que je suis malheureuse! Je n'ai rien à mettre. Oh, pourquoi ai-je jamais épousé un homme pareil!

Calbain. Pourtant, vous m'avez épousé, ma belle!

Colette. Oui, j'ai dû être certainement folle ce jour-là et je le regrette beaucoup à présent.

Calbain. Et moi, je ne suis pas toujours trop content de vous. Mais, à présent, mettez la table!

Colette. Oui, si vous voulez être aimable.

SCÈNE III

Les Mêmes, Thomelin

Thomelin, *frappant à la porte.* Holà, Calbain!

Colette. Voici quelqu'un.

Calbain. Ça m'est égal. Ayant grand'faim, je ne peux répondre à personne . . . répondez vous-même.

Colette, *allant ouvrir.* C'est notre voisin, Thomelin.

Thomelin. Calbain, je viens vous demander . . .

Calbain, *chantant.*

>Vive la France
>Et son alliance!

Colette, *à Thomelin.* Hélas, le voilà encore qui chante. (*A Calbain.*) Promettez-moi ma robe grise et je vais vous chercher à boire.

Calbain, *chantant.*

>Paix, paix, je m'en vais à la foire,
>Ma femme toujours sans cesse répète
>Même chose au pauvre Calbain
>Mais elle n'aura pas un patain!

Colette, *à Thomelin.* Ah! Ce n'est rien! Entrez donc, Thomelin.

Thomelin, *bas à Colette.* Ah, voisine, je crois bien vous déranger.

COLETTE. Au contraire, restez et dites-moi ce qu'il faut faire! Comment puis-je supporter un tel mari? Quand je parle il chante. Et maintenant que je désire une robe neuve . . . Voisin, il faut me donner un bon conseil. Personne ne peut le faire mieux que vous. Tout le monde sait que mon mari est avare. Regardez-moi donc cette robe! Conseillez-moi, je vous prie.

THOMELIN, *bas à Colette.* Écoutez donc ce qu'il faut faire, voisine, et vous aurez bientôt la robe que vous désirez.

COLETTE. Oh, mon voisin, vous voyez quelle est ma vie. J'ai beau parler d'une voix tendre, j'ai beau crier et tempêter. Il ne veut jamais rien entendre. Et cette éternelle chanson!

CALBAIN, *continue à chanter.*

> Ma femme est une coquette!
> Elle veut faire encore emplette
> De quelque drap nouveau.

COLETTE, *d'un air triste.* Qu'il me rend malheureuse! Il ne veut pas que j'achète une robe.

CALBAIN, *d'un ton autoritaire.* Et moi, ma femme, je veux qu'on serve le dîner. Je vous le répète, je meurs de faim!

THOMELIN, *à Colette, qu'il attire à part.* Ma pauvre femme, vous avez raison. Calbain ne veut rien écouter. Mais tenez, je vous dirai ce qu'il faut faire. Allez lui demander encore gentiment de vous donner de l'argent pour une robe. Restez calme. Donnez-lui à manger et à boire. Donnez-lui votre meilleur vin et avant de lui donner, mettez-y un peu de poudre dormitive. Il boira le vin comme si c'était du lait, jusqu'à la dernière goutte et il s'endormira. Alors, une fois endormi, vous prendrez autant d'argent que vous voudrez! Voilà le conseil que je vous donne.

COLETTE. Ma foi, je vous remercie, monsieur. Votre idée est très bonne. (*Il s'en va.*)

SCÈNE IV

CALBAIN, COLETTE

CALBAIN. Allons, ma femme, vite de quoi manger. Servez-le-moi; car j'ai grand'faim.

COLETTE, *avec dignité.* Si vous voulez bien cesser de chanter, je vous servirai, et bien vite, notre meilleur vin. (*Elle sort pour en chercher.*)

SCÈNE V

CALBAIN, *seul*

CALBAIN, *un instant seul, d'un air satisfait.* Voilà comment il faut faire pour vivre heureux avec les femmes. Il faut être maître dans sa maison. Voilà ma femme bien obéissante.

SCÈNE VI

CALBAIN, COLETTE

(*Colette entre. Elle apporte un cruchon de vin. Elle met le couvert.*)

COLETTE. Buvez! Mangez! Faites grand'chère!

CALBAIN, *s'asseyant à table.* Enfin vous voici! Je suis heureux de vous voir raisonnable et prête à obéir à votre petit mari qui vous aime tant. (*Elle lui verse à boire; il vide son verre plusieurs fois.*) Qu'il est bon, ce vin! (*Il boit.*) Je ne sais plus ce que je dis . . . Je n'en ai pourtant bu que trois verres . . . Ma foi! Que j'ai sommeil . . . Je suis gris . . . Couvrez-moi le dos, je veux dormir. (*Il laisse tomber la tête sur la table et s'endort.*)

Je vous tiens, petite friponne!

COLETTE, *en le couvrant, lui prend sa bourse.*   Je vous tiens, petite friponne!   Elle est assez lourde!   Allons acheter de l'étoffe pour faire une robe.   (*Elle sort.*)

SCÈNE VII
CALBAIN, *seul*

(*Il reste un bon moment endormi, puis il commence à s'agiter un peu . . . Enfin il se réveille.*)

CALBAIN.   Que je suis fatigué! Quelle sottise que l'ivresse! J'ai bu trop vite assurément!   Une autre fois je boirai moins. (*Il cherche sa bourse, regarde sous la table, à droite et à gauche, remue les escabeaux.*)   Mais on m'a pris ma bourse, pendant que je dormais . . . C'est elle!   C'est ma femme! . . . Ah parbleu, j'en ai assez de cette plaisanterie!   (*Il crie.*) Rendez-moi ma bourse, rendez-moi ma bourse.   Oh, est-ce qu'on a jamais vu une femme pareille!

SCÈNE VIII
CALBAIN, COLETTE

COLETTE, *rentre en chantant.*
> Un ruban vert, tout vert, tout vert,
> Un ruban vert qu'il m'a donné!

37

CALBAIN. L'homme est bien sot qui refuse de donner à sa femme une robe grise. Car maintenant elle m'a pris ma bourse! (*A Colette.*) Rendez-la-moi, ma jolie mignonne! Rendez-la-moi!

COLETTE, *chantant.*

> En cherchant la violette
> J'ai laissé mes agneaux aux champs . . .

CALBAIN, *se réveillant tout à fait.* Cela m'embête de vous entendre chanter. Cessez donc cette plaisanterie et rendez-moi ma bourse ou je vous donnerai du bâton.

COLETTE. Alors, pour me protéger de vos coups il faut que je m'en aille . . . (*Elle se prépare à partir. Il l'arrête brusquement.*)

CALBAIN. Rendez-moi mon argent et faites vite, vous dis-je.

COLETTE, *chantant.*

> Lanturelure!
> En revenant du moulin . . .

CALBAIN, *l'interrompant.* Taisez-vous! J'enrage!

COLETTE, *avec une révérence moqueuse.* Sire, n'est-ce pas bien joué?

CALBAIN, *l'air penaud.* Oh, oui, friponne, c'est même trop bien joué. Mais rendez-moi ma bourse, je vous prie (*d'un ton sévère*), ou je serai obligé de la prendre de force.

COLETTE, *chantant.*

> Ils sont à Saint-Jean-des-Choux,
> Les gens, les gendarmes . . .

CALBAIN, *l'interrompant.* Je vois bien qu'il faut faire autre chose que menacer!

COLETTE, *chantant.*

> Ils sont à Saint-Jean-des-Choux,
> Les gendarmes de Poitou.

CALBAIN, *levant la main pour la frapper.* Il faut en venir aux coups pour vous faire entendre raison!

COLETTE, *avec dignité.* Je ne vous crains pas, mon maître!

CALBAIN, *suppliant.* Allons, rendez-moi ma bourse s'il vous plaît. J'en ai besoin pour m'acheter des souliers. Rendez-moi ma bourse.

COLETTE. Je ne sais pas où elle est!

CALBAIN. Allons, rendez-la-moi, rendez-la vite. Allons, ma femme, dépêchez-vous, ou je vais vous battre comme plâtre! (*Il la bat.*)

COLETTE. Au meurtre! Que vous êtes méchant! Scélérat, infâme! Ah quelle vie! Au revoir, mon petit maître! Je vais retourner à ma mère et je ne vous reverrai jamais. (*Elle se prépare à partir.*)

CALBAIN, *courant après elle.* Allons, Colette, faisons la paix. (*Il rattrape sa femme. Les deux se retournent vers les spectateurs. Calbain continue.*) Je reconnais ma faute, et je vous fais promesse de ne plus vous tourmenter, ma femme. Je suis un pauvre mari. Je ne vous ai donné que de gaies chansons!

COLETTE, *d'un air satisfait.* Et moi, mon mari, je vous ai rendu la monnaie de votre pièce! (*Ils sortent, Colette gardant toujours la bourse.*)

RIDEAU

EXPLICATIONS ET EXERCICES

LA FARCE DE CALBAIN

Scènes I à IV

A. Explications:

de temps en temps: quelquefois.

Je n'ai absolument rien à mettre. *I have absolutely nothing to put on.*

Cette robe-ci que je porte est trop courte. *This dress that I have on is too short.* Comparez les verbes **mettre** et **porter.**

Et mon coquin de mari. *And my rascal of a husband.*

regardez-moi donc cette robe-ci. **Moi** ne se traduit pas.

tout à l'heure correspond à *a while ago* avec un verbe au passé.

C'est une façon de parler. *Don't take me too literally.*

ne . . . jamais. *never.* Autres expressions négatives déjà étudiées, page 23.

Oui, j'ai dû être certainement folle ce jour-là. *Yes, I certainly must have been crazy that day.* Le verbe **devoir** pour exprimer la probabilité. Voyez le plan du verbe **devoir,** pages 8, 9.

patain. Petite pièce de monnaie.

Qu'il me rend malheureuse! Rendre + un adjectif. Comparez l'anglais: *How unhappy he makes me!*

Demander à qqn. de faire qch. Allez lui demander encore gentiment de vous donner de l'argent pour votre robe. Un autre exemple: Le Financier demande au Savetier de lui donner sa bourse.

B. Répondez:

1. Que désire Colette?
2. Quand elle désire parler à son mari, que fait-il?
3. Sa voisine Jaquette est-elle toujours bien habillée?
4. Quand répond Calbain à sa femme?
5. Qui frappe à la porte?
6. Calbain que continue-t-il à faire?
7. Que demande Colette à son voisin?
8. Quel est son conseil?
9. Après avoir donné son conseil, que fait-il?

C. Conjuguez les phrases suivantes:

1. Je vous dirai ce qu'il faut faire.
2. Je boirai le vin comme si c'était du lait, et puis je m'endormirai.
3. Je prendrai autant d'argent que je voudrai.
4. Je reviendrai plus tard.
5. Est-ce que j'aurai une robe demain?

D. Donnez la forme des verbes en italiques; donnez l'infinitif de chacun de ces verbes:

1. Colette est *assise* sur un escabeau.
2. Son cavalier *devient* bien vite un maître souverain.
3. Comment *puis*-je la fréquenter?
4. Que faut-il que je *fasse*?
5. Je *meurs* de faim.
6. Il *fallait* donc les prendre.
7. J'*ai dû* être certainement folle ce jour-là.
8. Calbain ne *veut* rien écouter.

E. Observez et lisez à haute voix les expressions suivantes; traduisez très exactement ces expressions; puis apprenez-les par cœur:

1. De temps en temps il me faut une robe neuve.
2. Je n'ai rien à mettre.
3. Que faut-il que je fasse?
4. Qu'importe ce trou?
5. Quant à vous, ma femme, je vous trouve bien en cette toilette.
6. On est venu tout à l'heure . . .
7. C'est une façon de parler.
8. J'ai dû être certainement folle ce jour-là.
9. Ça m'est égal!
10. J'ai beau parler d'une voix tendre, il ne veut jamais rien entendre.

Scène IV à la fin

A. Explications:

vite de quoi manger. *give me something to eat in a hurry.*

Servez-le-moi. Où place-t-on les pronoms ici? Pourquoi?
   Faites la phrase négative. Quel est l'ordre maintenant?

Il faut en venir aux coups pour vous faire entendre raison.
   I must resort to blows to make you listen to reason.

je vous ai rendu la monnaie de votre pièce correspond à
   I paid you in your own coin.

B. Répondez:

1. Calbain pourquoi est-il content maintenant?
2. Après avoir bu trois verres de vin que fait-il?

3. Quand Calbain est endormi que fait sa femme?
4. Quand il se réveille que dit-il?
5. Quand il demande sa bourse que fait sa femme?
6. Que fait sa femme quand il la bat?
7. Alors que fait-il et que dit-il?
8. Que pensez-vous de la fin de cette farce?

C. L'impératif:

1. Donnez la forme des verbes suivants:
   buvez! mangez! faites! servez!
2. Observez les phrases suivantes:
   Servez-le-moi; ne me le servez pas.
   Rendez-moi ma bourse; ne me rendez pas ma bourse.
   Rendez-la-moi.
   Rendez-moi mon argent.
   Couvrez-moi le dos.
3. Faites négatives les phrases précédentes.

D. Observez et lisez à haute voix les phrases suivantes; traduisez exactement ces phrases; puis apprenez-les par cœur:

1. Vite de quoi manger.
2. J'ai grand' faim.
3. Je ne sais plus ce que je dis.
4. Il n'a pourtant bu que trois verres.
5. Couvrez-moi le dos.
6. Enfin, Calbain se réveille.
7. Il faut que Colette s'en aille.
8. N'est-ce pas bien joué?
9. Dépêchons-nous.
10. Colette a rendu à Calbain la monnaie de sa pièce.

E. Donnez les antonymes des mots suivants:

Modèle: menacer   rassurer

Mots: acheter, heureux, satisfait, se taire, se réveiller, obéissant.

F. Cherchez dans le texte de la leçon les mots et les expressions équivalents aux mots en italiques:

1. Calbain, un instant seul, d'un air *content* dit: «Voilà comment il faut faire pour vivre heureux avec les femmes.»

2. Voilà ma femme bien *soumise*.
3. Il vide son verre *maintes* fois. Il *a envie de* dormir.
4. Allons acheter du *tissu* pour faire une robe.
5. Il a bu trop vite *certainement*.
6. Allons, ma femme, *hâtez-vous*, ou je vais vous battre comme plâtre.
7. J'*avoue* ma faute et je vous *promets* de ne plus vous tourmenter, ma femme.

G. Étude de mots:
1. Étudiez le tableau suivant; cherchez les définitions dans un dictionnaire:

Noms	Adjectifs	Verbes
la tendresse	tendre	attendrir
la fréquence	fréquent, -e	fréquenter
le, la voisin, -e	voisin, -e	voisiner
le, la flatteur, -se	flatteur, -se	flatter
l'avare *m.*	avare	
l'avarice *f.*	avaricieux, -se	

2. D'après le modèle précédent préparez un tableau pour l'étude de mots; choisissez les mots dans le texte de la leçon, par exemple: vieux, répéter, commencer, se contenter de, dormitif, etc.

Exercices de Récapitulation

Faites une liste des verbes simples et utiles pour raconter le résumé de la Farce de Calbain; limitez-vous au présent du verbe; pensez surtout à l'action; complétez le résumé suivant:

désirer. Colette désire une robe neuve.

fréquenter. Elle ne désire pas fréquenter sa voisine en sa robe démodée.

pleurer. Elle pleure quand son mari entre.

parler. Quand sa femme désire parler de la robe, Calbain chante.

se planter. Elle se plante devant lui pour fixer son attention.

LA FARCE DU CUVIER

PERSONNAGES

JAQUINOT, le mari

JEANNETTE, sa femme

JAQUETTE, sa belle-mère

La scène se passe dans un modeste intérieur du quinzième siècle: bahut, escabeaux, meubles divers, ustensiles de ménage. Porte au fond. Un peu à gauche, sur le devant du théâtre, une table rustique et un escabeau. A droite, un grand cuvier, disposé sur des tréteaux, pour couler la lessive. Grande cheminée sur le rebord de laquelle sont placés les accessoires: un rouleau de parchemin, une plume d'oie, un encrier.

LA FARCE DU CUVIER

SCÈNE PREMIÈRE

JAQUINOT, *seul*

JAQUINOT.

Le diable me conseilla bien,
Le jour où, ne pensant à rien,
Je me mêlai de mariage!
Depuis que je suis en ménage,
Ce n'est que tempête et souci.
Ma femme là, sa mère ici,
Comme des démons, me tracassent;
Et moi, pendant qu'elles jacassent,
Je n'ai ni repos ni loisir,
Pas de bonheur, pas de plaisir!
On me bouscule, et l'on martelle
De cent coups ma pauvre cervelle!
Quand ma femme va s'amender,
Sa mère commence à gronder.
L'une maudit, l'autre tempête!
Jour ouvrier ou jour de fête,
Je n'ai pas d'autre passe-temps
Que ces cris de tous les instants.
Parbleu! Cette existence est dure!
Voilà trop longtemps qu'elle dure!

Si je m'y mets, j'aurai raison!
Je serai maître en ma maison.

SCÈNE II

JAQUINOT, JEANNETTE, *puis* JAQUETTE

JEANNETTE, *entrant.*

Quoi! Vous restez à ne rien faire!
Vous feriez bien mieux de vous taire
Et de vous occuper . . .

JAQUINOT.

De quoi?

JEANNETTE.

La demande est bonne, ma foi!
De quoi devez-vous avoir cure?
Vous laissez tout à l'aventure!
Qui doit soigner votre maison?

JAQUETTE, *entrant à son tour.*

Sachez que ma fille a raison!
Vous devez l'écouter, pauvre âme!
Il faut obéir à sa femme:
C'est le devoir des bons maris.
Peut-être on vous verrait surpris
Si, quelque jour, comme réplique,
Elle se servait d'une trique!
Et pourtant n'est-ce pas son droit?

[Me donner du bâton, à moi!

JAQUINOT.

Me donner du bâton, à moi!
Vous me prenez pour un autre homme.

JAQUETTE.

Et pourquoi non?   Veut-elle en somme
Autre chose que votre bien?
Vous ne la comprenez en rien!
Ne le dit-on pas?   Qui bien aime
Pour le prouver frappe de même.

JAQUINOT.

Il vaut mieux me le prouver moins;
Je vous fais grâce de ces soins,
Entendez-vous, ma bonne dame?

JEANNETTE.

Il faut faire au gré de sa femme,
Jaquinot, ne l'oubliez pas!

JAQUETTE.

En aurez-vous moindre repas,
Et sera-ce une peine grande
D'obéir quand elle commande?

JAQUINOT.

Oui! Mais elle commande tant,
Que, pour qu'elle ait le cœur content,
Je ne sais, ma foi, comment faire!

JAQUETTE.

Eh bien, si vous voulez lui plaire,
Afin de vous en souvenir,
Un registre il faudra tenir,
Où vous mettrez à chaque feuille
Tous ses ordres, quoi qu'elle veuille!

JAQUINOT.

Pour avoir la paix, j'y consens,
Vous êtes femme de bon sens,
Maman Jaquette, et, somme toute,
Vous pouvez me dicter: j'écoute.

JEANNETTE.

Allez querir un parchemin
Et de votre plus belle main
Vous écrirez, qu'on puisse lire.

JAQUINOT *va prendre sur la cheminée un rouleau de parchemin,
un encrier et une grande plume d'oie. Il dispose le tout sur
la table, et s'assied sur l'escabeau.*

Me voici prêt. Je vais écrire.

JEANNETTE.

Mettez que vous m'obéirez
Toujours, et que toujours ferez
Ce que je vous dirai de faire!

JAQUINOT, *se levant et jetant sa plume.*
Mais non! Mais non! Dame très chère!
Je n'agirai que par raison!

JEANNETTE.
Quoi! C'est encor même chanson?
Déjà vous voulez contredire?

JAQUINOT, *se rasseyant.*
Mais non! Mais non! Je vais écrire.

JEANNETTE.
Écrivez donc et taisez-vous.

JAQUINOT, *ramassant sa plume.*
Parbleu! Je suis un bon époux.

JEANNETTE.
Taisez-vous!

JAQUINOT.
Dût-on vous déplaire,
Si je veux, je prétends me taire,
Madame, et je me tais. Dictez.

JEANNETTE.
En première clause, mettez
Qu'il faut chaque jour, à l'aurore,
Vous lever le premier . . .
(*Jaquinot fait mine de n'y pas consentir.*)
Encore! . . .
Qu'ensuite il faut préparer tout,
Faire le feu, voir si l'eau bout . . .
Bref, qu'au lever, avec courage,
Pour tous les deux ferez l'ouvrage.
Vous cuirez le premier repas.

JAQUINOT, *se levant et jetant sa plume.*
Oui-da! Mais je n'y consens pas!

A cet article je m'oppose!
Faire le feu? Pour quelle cause?

JEANNETTE, *tranquillement.*

Pour tenir ma chemise au chaud.
Entendez-vous bien! Il le faut.

JAQUINOT, *se rasseyant et ramassant sa plume, se
met à écrire avec ardeur.*

Puisqu'il faut faire à votre guise,
Je ferai chauffer la chemise!
   (*Il continue à écrire, et s'arrête tout à coup.*)

JAQUETTE.

Écrivez donc! Qu'attendez-vous?

JEANNETTE.

Vous allez me mettre en courroux!
Vous êtes aussi vif qu'un cancre.

JAQUINOT.

Attendez donc! Je n'ai plus d'encre!
J'en suis encore au premier mot.

JEANNETTE.

Vous bercerez notre marmot,
Lorsque la nuit il se réveille,
Et vous attendrez qu'il sommeille
Avant de retourner au lit.

JAQUINOT, *secouant son parchemin.*

Attendez, je rencontre un pli!

JEANNETTE.

Mon Dieu! Quel maladroit vous êtes!

JAQUINOT.

J'y suis! J'y suis! Êtes-vous prêtes?

JEANNETTE *et* JAQUETTE, *ensemble, de
chaque côté de Jaquinot.*

Il vous faudra . . .

Dictez vos lois!
Mais ne parlez pas à la fois!

JAQUINOT, *les interrompant.*

　　　　　Dictez vos lois!
Mais ne parlez pas à la fois!
Car je n'y pourrais rien comprendre:
Vous ne vous ferez pas entendre,
Et je ferai quelque pâté
D'encre, pour m'être trop hâté!

JEANNETTE, *à sa mère.*

Parlez donc, vous êtes ma mère!

JAQUETTE, *même jeu.*

C'est ton mari!　Je dois me taire!

JEANNETTE.

C'est pour vous obéir, maman.
　　(*A Jaquinot.*)
Si notre marmot, en dormant,

Dans la peur de Croquemitaine,
Rêve . . . qu'il est une fontaine . . .
Si sa naïve émotion
Provoque une inondation . . .

JAQUINOT.

Eh bien, pour calmer ses alarmes . . .

JEANNETTE.

Vous devrez essuyer ses larmes!

JAQUINOT.

Mais s'il ne veut se rendormir?
S'il pleure sans vouloir finir?

JAQUETTE.

Vous le prendrez avec tendresse
Et lui ferez mainte caresse.

JEANNETTE.

Et sans jamais montrer d'ennui,
Le porterez, fût-il minuit!
De-ci, de-là, faisant risette.

JAQUINOT.

Ma foi! Votre audace est parfaite!
Quels plaisirs et quels instants doux
J'aurai là!

(*Il cesse d'écrire.*)

JEANNETTE.

Mais qu'attendez-vous?

JAQUINOT.

Comment voulez-vous que je fasse?
Car je n'ai plus du tout de place.

(*Il jette sa plume.*)

JEANNETTE, *se rapprochant.*

Mettez! Ou vous serez frotté!

JAQUINOT.

Ce sera pour l'autre côté.

(*Il ramasse sa plume.*)

JEANNETTE.

Écrivez donc, car il nous reste
A vous dicter encore . . .

JAQUINOT.

Eh! Peste!

Je n'ai pas le temps de souffler!

JEANNETTE.

Il faut la lessive couler . . .

JAQUETTE.

Préparer pour le four la pâte . . .

JEANNETTE.

Faire le pain, aller en hâte
Relever le linge étendu,
S'il pleut.

JAQUETTE.

Avez-vous entendu?

JEANNETTE.

Pour récurer, chercher du sable . . .

JAQUETTE.

Et vous démener comme un diable!
Aller, venir, trotter, courir . . .

JEANNETTE.

Ranger, laver, sécher, fourbir . . .

JAQUETTE.

Tirer de l'eau pour la cuisine . . .

JEANNETTE.

Chercher du lard chez la voisine . . .

JAQUINOT.

De grâce, arrêtez-vous un peu!

JEANNETTE.

Et puis mettre le pot-au-feu!

JAQUETTE.

Laver avec soin la vaisselle . . .

JEANNETTE.

Aller au grenier par l'échelle . . .

JAQUETTE.

Mener la mouture au moulin . . .

JEANNETTE.

Faire le lit de bon matin,
Ou sinon, songez à la trique!

JAQUETTE.

Donner à boire à la bourrique.

JAQUINOT.

Je vois que vous songez à vous.

JEANNETTE.

Puis au jardin cueillir des choux . . .

JAQUETTE.

Tenir la maison propre et nette.

JAQUINOT, *qui a fait des gestes désespérés
    pendant que les deux femmes parlaient.*

Comment voulez-vous que je mette
Tout cela, si, sans arrêter,
Vous ne faites que me dicter?
Vous parlez avec votre mère,
Cela ne fait pas mon affaire!
Il faut tout dire mot à mot!
J'en étais encore à marmot!

JEANNETTE, *très lentement.*

Écrivez donc: Faire la pâte,
Cuire le pain, aller en hâte
Relever le linge, s'il pleut . . .

JAQUINOT, *interrompant.*

C'est trop vite! Attendez un peu!

JEANNETTE.

Bluter.

JAQUETTE.

Laver.

JEANNETTE.

Sécher.

JAQUETTE.

Et cuire!

JAQUINOT.

Laver quoi donc?

JEANNETTE.

Faire reluire,
Sans jamais prendre de repos,
Les écuelles, les plats, les pots!

JAQUINOT.

Tous les pots de notre ménage?
Ma foi, malgré tout mon courage,
Jamais je ne retiendrai tout!

(*Il jette sa plume.*)

JEANNETTE.

Voulez-vous nous pousser à bout?
Pour alléger votre mémoire,
Écrivez! . . . Et pas tant d'histoire!

(*Jaquinot se remet à écrire.*)

Il vous faut aller au ruisseau
Laver le linge du berceau.

JAQUINOT.

Encore un métier bien honnête!

JAQUETTE.

Que vous avez mauvaise tête!

JAQUINOT.

Attendez! Ne vous fâchez pas!
> (*Écrivant.*)

. . . Les écuelles, les pots, les plats . . .

JEANNETTE.

Ma foi! Vous ne vous pressez guère!

JAQUINOT.

Dame! Est-ce vous ou votre mère
Qu'il faut écouter? Dites-moi!
Vous me voyez tout en émoi!
> (*Il dépose sa plume.*)

JAQUETTE, *se rapprochant de lui.*

Je vais vous battre comme plâtre!

JAQUINOT, *avec noblesse.*

Je ne veux pas me laisser battre!
> (*Adoucissant le ton.*)

J'écrirai tout. N'en parlons plus.

JEANNETTE.

Eh bien, sans discours superflus,
Vous mettrez le ménage en ordre,
Et vous viendrez m'aider . . . à tordre
La lessive auprès du cuvier.

JAQUETTE.

Après avoir lavé l'évier.

JEANNETTE, *à Jaquinot, qui vient de s'arrêter
et regarde Jaquette d'un air ahuri.*

Mais dépêchez-vous donc d'écrire!

JAQUINOT, *après un moment.*

C'est fait! . . . Souffrez que je respire!

JAQUETTE.

Ma fille, n'oubliez-vous . . . rien?
Ne doit-il pas, comme il convient,
Vous traiter avec gentillesse,
Et vous témoigner sa tendresse? . . .

JAQUINOT.

Ah! Pour ceci, je n'en suis pas!
On peut bien régler un repas,
Non le menu de mes caresses!
      (*A sa femme.*)
Quoi! Me fixer les politesses
Que je dois accorder à vous!
Certe, au monde il n'est pas d'époux
Qui soit mené de telle sorte!
L'audace me paraît trop forte.
Je ne vais plus pouvoir dormir,
Car il faudra tout retenir
Dans ma malheureuse cervelle,
Et pour que tout je me rappelle,
Toujours, comme un petit garçon,
Je vais apprendre ma leçon . . .

JAQUETTE.

Allons! Pensez-vous que je raille?
Signez le tout, que je m'en aille.

JAQUINOT.

Je signe alors de chaque main!
                    (*Il signe.*)
Tenez! Voici le parchemin!
Ne voulez-vous pas qu'on le scelle?
Ceignez-le bien d'une ficelle!
Veillez qu'il ne soit pas perdu,
Car, en devrais-je être pendu,
Je n'accomplirai plus d'autre ordre,

Je n'obéis qu'au parchemin.

Jamais je n'en voudrai démordre.
Désormais, aujourd'hui, demain,
Je n'obéis qu'au parchemin.
C'est convenu, j'en ai pris acte,
Et j'ai dûment signé le pacte.

JEANNETTE.

Oui, c'est convenu, Jaquinot.

JAQUINOT.

Songez que je vous prends au mot.

JAQUETTE.

C'est bien, je puis partir tranquille.

JEANNETTE.

Adieu, ma mère!

JAQUETTE.

Adieu, ma fille!

(*Elle sort.*)

SCÈNE III

JAQUINOT, JEANNETTE

JEANNETTE, *s'approchant du cuvier*
qui est dressé à droite du théâtre.

Allons, Jaquinot, aidez-moi!

JAQUINOT.

Mais voulez-vous me dire à quoi?

JEANNETTE.

A mettre le linge à la cuve
Où j'ai versé l'eau de l'étuve.

JAQUINOT, *déroulant son parchemin*
et cherchant attentivement.

Ce n'est pas sur mon parchemin.

JEANNETTE.

Déjà vous quittez le chemin,
Avant de connaître la route.
    (*Jaquinot cherche toujours sur son parchemin.*)
Dépêchez-vous! Le linge égoutte;
Il faut le tordre! . . . Et vivement!
Cherchez dans le commencement;
C'est écrit: «Couler la lessive . . . »
Voulez-vous que je vous l'écrive
A coups de bâton sur le dos?

JAQUINOT.

Non, si c'est écrit, tout dispos,
Je vais me mettre, sans vergogne,
A vous aider à la besogne.
C'est parbleu vrai que c'est écrit!
N'en ayez pas le cœur aigri!
Puisque c'est dit en toute lettre,

Attendez-moi, je vais m'y mettre.
J'obéis . . . Vous avez dit vrai!
Une autre fois j'y penserai.

(*Ils montent chacun sur un escabeau de chaque côté du cuvier. Jeannette tend à Jaquinot le bout d'un drap tandis qu'elle tient l'autre.*)

JEANNETTE.

Tirez de toute votre force!

JAQUINOT, *tirant.*

Je me donnerai quelque entorse!
Ma foi! Ce métier me déplaît.
Je veux charger quelque valet
De vous aider dans le ménage.

(*Il lâche le drap.*)

JEANNETTE, *impatientée.*

Tirez donc, ou sur le visage
Je vous lance le tout, vraiment!

(*Elle lui lance le linge à la figure.*)

JAQUINOT.

Vous gâtez tout mon vêtement!
Je suis mouillé comme un caniche.
Et vous en trouvez-vous plus riche,
De m'avoir ainsi maltraité?

JEANNETTE.

Allons! Prenez votre côté.
Faut-il donc que toujours il grogne! . . .
Ferez-vous pas votre besogne?

(*Jaquinot tire brusquement le drap et fait perdre l'équilibre à Jeannette, qui tombe dans le cuvier.*)

La peste soit du maladroit !

JEANNETTE, *en disparaissant dans la cuve.*

La peste soit du maladroit !

> (*Elle sort la tête.*)

Seigneur, ayez pitié de moi !
Je me meurs ! je vais rendre l'âme !
Ayez pitié de votre femme,
Jaquinot, qui vous aima tant !
Elle va périr à l'instant,
Si vous ne lui venez en aide !
Je sens mon corps déjà tout raide !
Donnez-moi vite votre main.

JAQUINOT, *après un moment.*

Ce n'est pas sur mon parchemin.

JEANNETTE, *sortant la tête.*

Las ! Voyez quelle est ma détresse !
Le linge m'étouffe et m'oppresse !

63

Je meurs! Vite! Ne tardez pas!
Pour Dieu, tirez-moi de ce pas!

JAQUINOT, *chantant.*

Allons, la commère,
Remplis donc ton verre!
Il faut boire un coup! . . .

JEANNETTE.

Jaquinot, j'en ai jusqu'au cou!
Sauvez-moi, de grâce, la vie.
Retirez-moi, je vous en prie!
Jaquinot, tendez-moi la main!

JAQUINOT.

Ce n'est pas sur mon parchemin.

JEANNETTE.

Hélas! la mort me viendra prendre
Avant qu'il ait voulu m'entendre!

JAQUINOT, *lisant son parchemin.*
«De bon matin préparer tout,
Faire le feu, voir si l'eau bout! . . .»

JEANNETTE.

Le sang dans mes veines se glace!

JAQUINOT.

«Ranger les objets à leur place,
Aller, venir, trotter, courir . . .»

JEANNETTE.

Je suis sur le point de mourir,
Tendez-moi de grâce, une perche.

JAQUINOT.

J'ai beau relire, en vain je cherche . . .

«Ranger, laver, sécher, fourbir . . .»

JEANNETTE.

Songez donc à me secourir.

JAQUINOT.

«Préparer pour le four la pâte,
Cuire le pain, aller en hâte
Relever le linge étendu,
S'il pleut . . .»

JEANNETTE.

    M'avez-vous entendu?
Jaquinot, je vais rendre l'âme.

JAQUINOT.

«Chauffer le linge de ma femme . . .»

JEANNETTE.

Songez que le baquet est plein!

JAQUINOT.

«Mener la mouture au moulin,
Donner à boire à la bourrique . . .»

JEANNETTE.

Je suis prise d'une colique
Qui m'achève . . . venez un peu!

JAQUINOT.

«Et puis mettre le pot-au-feu . . .»

JEANNETTE.

Appelez ma mère Jaquette!

JAQUINOT.

«Tenir la maison propre et nette,

Laver, sans prendre de repos,
Les écuelles, les plats, les pots!»

JEANNETTE.

Si vous ne voulez pas le faire,
De grâce, allez chercher ma mère,
Qui pourra me tendre la main.

JAQUINOT.

Ce n'est pas sur mon parchemin!

JEANNETTE.

Eh bien, il fallait donc le mettre!

JAQUINOT.

J'ai tout écrit lettre pour lettre.

JEANNETTE.

Retirez-moi, mon doux ami!

JAQUINOT.

Moi, ton ami! . . . Ton ennemi!
M'as-tu ménagé la besogne
De ton vivant?—Va, sans vergogne,
Je vais te laisser trépasser.
Inutile de te lasser,
Ma chère, en criant de la sorte.
                    (*On entend frapper au dehors.*)
Ah! Voici qu'on frappe à la porte!

SCÈNE IV

JAQUETTE, JAQUINOT, JEANNETTE

JAQUETTE, *du dehors.*

M'ouvrirez-vous avant demain?

Ce n'est pas sur mon parchemin! . . .

JAQUINOT.

Ce n'est pas sur mon parchemin! . . .
Mais je vais vous ouvrir quand même,
Car votre fille, toute blême,
Est là qui trempe en ce baquet . . .
                    (*Les coups redoublent. Il va ouvrir.*)
Attendez. J'ôte le loquet.

JAQUETTE, *sur le seuil de la porte.*

Je viens voir comment tout se porte!

JAQUINOT.

Très bien, puisque ma femme est morte.

JAQUETTE.

Que dites-vous? Mauvais plaisant!

67

JAQUINOT.

C'est très sérieux! Tout en causant
Elle est tombée en cette cuve,
Où se trouvait l'eau de l'étuve!

JAQUETTE, *toujours sur le seuil.*

Que dis-tu? Meurtrier, bourreau!

JAQUINOT, *près de la porte.*

Eh! ma mère! Elle a parlé trop,
Elle avait soif, la pauvre femme!

JEANNETTE.

Mère! En la cuve je me pâme!
Venez! Secourez votre enfant!

JAQUINOT.

Vous entendez! Mon cœur se fend!

JAQUETTE.

Attends, je viens, ma chère fille!
     (*A Jaquinot.*)
Aidez-moi donc, tendez la main!

JAQUINOT.

Ce n'est pas sur mon parchemin.

JAQUETTE.

Que dites-vous, méchant, infâme?
Laissez-vous mourir votre femme?

JAQUINOT.

Je serai maître en ma maison.

JAQUETTE.

Quoi! N'avez-vous plus de raison?
Vite, aidez-moi!

JAQUINOT.

 C'est impossible!

JAQUETTE.

Vous commettez un crime horrible,
Jaquinot, ce n'est pas humain!

JAQUINOT.

J'ai beau lire mon parchemin
Ce n'est pas inscrit sur la liste . . .

JAQUETTE.

Allons! Scélérat égoïste!
Je vous implore à deux genoux.
Retirez-la! Dépêchez-vous!

JAQUINOT.

Oui, si vous voulez me promettre
Que chez moi je serai le maître.

JEANNETTE.

Je vous le promets de bon cœur!

JAQUINOT.

Oui! Mais peut-être est-ce la peur
Qui vous rend d'humeur si facile?

JEANNETTE.

Non! Je vous laisserai tranquille,
Sans jamais rien vous commander!
Toujours je saurai m'amender
Et me taire, j'en fais promesse!

JAQUINOT.

Faut-il, ma femme, que je dresse
Une liste, ainsi que pour moi
Vous avez fait?

JEANNETTE.

Non, sur ma foi
Reposez-vous-en, mon doux maître!

JAQUINOT.

Enfin! Vous voulez reconnaître
Mon droit, madame, c'est fort bien!

JEANNETTE.

Alors retirez-moi!

JAQUINOT.

Le chien
Eût été plus heureux, madame,
Que votre mari!

JEANNETTE.

Je rends l'âme!
Songez qu'au fond de ce baquet . . .

JAQUINOT.

Voyons! Était-ce bien coquet
De me donner tant de besogne?
N'en avais-tu pas de vergogne?

JEANNETTE.

Hélas! Je demande pardon!
Mon mari, vous avez raison!
Je ferai toujours le ménage
Avec ardeur, avec courage.

JAQUINOT.

C'est fort bien! Je vous prends au mot.
Vous bercerez notre marmot?

JEANNETTE.

Oui! Tirez-moi!

JAQUINOT.

Ferez la pâte?
Cuirez le pain, en toute hâte . . .

JEANNETTE.

De grâce! Je vous le promets!
C'est bien! Je serai désormais
De votre avis en toute chose,
Pourvu que ne soit plus en cause
Le parchemin que vous savez! . . .
Brûlez-le, puisque vous l'avez!

JAQUINOT.

Il ne faudra plus que j'écrive? . . .
Je ne ferai plus la lessive? . . .

JEANNETTE.

Non, mon ami; ma mère et moi
Ne vous mettrons plus en émoi.

JAQUINOT.

Vous ferez chauffer ma chemise?

JEANNETTE.

Je ferai tout à votre guise!
Mais retirez-moi de ce pas!

JAQUINOT.

Vous ne me contrarierez pas?

JEANNETTE.

Je veux être votre servante!

JAQUINOT.

Cette soumission m'enchante:
Vous ne m'avez jamais plu tant!
Et je vous retire à l'instant.

(*Il retire sa femme du cuvier.*)

RIDEAU

EXPLICATIONS ET EXERCICES

LA FARCE DU CUVIER

Scènes I à III

A. Explications:

ne . . . ni . . . ni. *neither . . . nor.*

S'amender: se corriger.

cure *f.*: soin, souci.

à l'aventure. *at random, without definite plan.*

Valoir mieux. *To be better.* **Il vaut mieux.** *It is better.*

Je vous fais grâce de ces soins. *I excuse you from these attentions.*

au gré de: au caprice de, à la volonté de.

Plaire à qqn. *To please some one.* **si vous voulez lui plaire.** *if you wish to please her.*

quoi qu'elle veuille. Veuille subjonctif du verbe **vouloir.**

Consentir à qch. *To consent to something.* **j'y consens.** *I consent to it.*

C'est encor même chanson? *Still the same story?*

Dût-on vous déplaire, Si je veux, je prétends me taire, etc. *I intend to hush, if I want to, even though it displease you,* etc.

Faire mine de: faire semblant de.

Se mettre en courroux: se fâcher.

Vous êtes aussi vif qu'un cancre! *You are as cross as a bear!*

à la fois: en même temps, ensemble.

maint, -e: plusieurs.

fût-il minuit: même s'il était minuit.

le pot-au-feu. Viande bouillie avec plusieurs légumes, un
bon plat bourgeois qui correspond un peu à notre idée de
stewed beef and vegetables.

Comment voulez-vous que je mette tout cela? *How do
you expect me to put all that?*

Ceignez. Impératif du verbe **ceindre.**

B. Répondez:

1. Pourquoi Jaquinot n'est-il pas content?
2. Que veut-il être?
3. Pourquoi Jeannette gronde-t-elle son mari?
4. Que doit-il faire?
5. Quel est le devoir d'un bon mari, d'après la belle-
   mère?
6. Jeannette que va-t-elle faire si son mari ne lui obéit
   pas?
7. Pourquoi Jaquinot ne peut-il pas obéir à la femme?
8. La belle-mère que dit-elle de faire?
9. Jaquinot consent-il à faire ce qu'elle dit?
10. Que cherche Jaquinot?
11. Que fait-il?
12. Donnez quelques ordres de Jeannette. Nommez au
    moins quatre ou six choses qu'il faut faire.
13. Jaquinot fait-il des objections à ces ordres?
14. Pourquoi ne peut-il pas comprendre très bien?
15. Pourquoi obéit-il à sa femme?
16. Que signe Jaquinot?
17. A quoi obéira-t-il?
18. Pourquoi Jaquette part-elle tranquille?

C. Conjuguez aux temps donnés:

1. Je n'ai ni repos ni loisir.
2. Je n'y consens pas.
3. Je n'ai plus d'encre.

4. Je me dépêche donc d'écrire.

5. Je cesse d'écrire.

D. Étude de mots:

1. Formez les verbes dérivés des noms suivants; consultez un dictionnaire pour vérifier votre choix:

Modèle: le repos   reposer

Noms: le témoin, l'ennui *m.*, le conseil, le souci, le sommeil, la demande, le plaisir, le chaud, la caresse, la commande.

2. Donnez les antonymes des mots suivants:

Modèle: le repos   la fatigue

Mots: se réveiller, consentir, l'audace *f.*, perdre, tranquille, cesser, le bonheur, se taire, se rappeler, malheureux.

Scène III à la fin

A. Explications:

en toute lettre: sans abréviation.

Déplaire à qqn. Ce métier me déplaît. *This work is displeasing to me; I don't like this work.*

Je me meurs. *I am dying.*

à l'instant. *right now.*

tout raide. Ici, **tout** est un adverbe qui signifie **entièrement**.

lettre pour lettre. *word for word.*

De ton vivant: pendant ta vie.

Lasser: fatiguer.

De bon cœur: volontiers.

Mais peut-être est-ce la peur. On fait l'inversion du sujet après **peut-être**.

Le chien eût été plus heureux: Le chien aurait été plus heureux. *The dog would have been more fortunate.*

à votre guise: à votre volonté.

plu. Participe passé du verbe **plaire**.

B. Répondez:

1. Pourquoi Jaquinot ne veut-il pas aider Jeannette?

2. Est-ce que Jeannette a raison?
3. Que tend Jeannette à Jaquinot?
4. Que faut-il faire?
5. Pourquoi Jeannette est-elle impatientée?
6. Pourquoi Jeannette perd-elle l'équilibre?
7. Que crie-t-elle à Jaquinot?
8. Pourquoi ne lui donne-t-il pas la main?
9. Que lit Jaquinot? Pourquoi?
10. Que fait Jeannette pendant ce temps-là?
11. Qui frappe à la porte?
12. Jaquinot va-t-il vite ouvrir la porte?
13. Pourquoi est-ce que Jaquette vient?
14. Quelle est la réponse de Jaquinot?
15. Que dit Jeannette à sa mère?
16. Enfin pourquoi Jaquinot retire-t-il Jeannette du cuvier?
17. Que dit-elle qu'il faut faire avec le parchemin?
18. Jaquinot est-il enchanté?

C. Étudiez les temps des verbes trouvés dans les phrases suivantes: écrivez une phrase originale qui montre que vous comprenez ces phrases; donnez une règle pour l'emploi de l'imparfait avec le passé indéfini:

1. Elle est tombée dans le cuvier où se trouvait beaucoup d'eau.
2. Jaquinot a fait des gestes désespérés pendant que les deux femmes parlaient.
3. Jaquette est entrée pendant que Jeannette demandait à son mari de la retirer du cuvier.
4. Jaquinot a tiré brusquement le drap pendant que sa femme le grondait.

D. Donnez les synonymes des mots ou des expressions suivants: se dépêcher, aider, se mettre à, la besogne, secourir, de bon cœur, songer, à l'instant, l'émoi *m.*, l'avis *m.*, lasser.

E. Traduisez très exactement en anglais:

1. Ce métier me déplaît.
2. Elle lui lance le drap à la figure.

3. Je suis mouillé comme un caniche.
4. Ayez pitié de moi.
5. Jaquinot, j'en ai jusqu'au cou.
6. J'ai beau relire, ce n'est pas sur mon parchemin.
7. J'ai tout écrit, lettre pour lettre.
8. Je viens voir comment tout se porte.

Exercices de Récapitulation

A. Remplacez chaque tiret par un mot convenable:

1. Jaquinot reste ——— ne rien faire.
2. Il faut obéir ——— sa femme.
3. Jaquinot ne veut pas plaire ——— sa femme.
4. Pour avoir la paix Jaquinot consent ——— faire une ———.
5. Mais il dit qu'il n'agira ——— par raison.
6. Il fait ——— de ne pas consentir aux ordres de Jeannette.
7. Il continue ——— écrire, puis ——— arrête tout à coup.
8. Jaquinot sera ——— s'il n'écrit pas les ordres de sa femme.
9.–13. Il faut ——— le pot-au-feu; laver avec soin la ———; ——— le lit; aller au jardin ——— des choux; tenir la maison ——— et ———.
14. Il écrira tout, n'en parlons ———.
15. Il n'obéira qu'au ———.
16. Jaquette peut partir ———.
17. Jeannette tombe dans le cuvier quand Jaquinot ——— brusquement le drap.
18. Il ne veut pas la ——— parce que ce n'est pas sur le ———.
19. Enfin il la retire parce qu'elle promet de ——— obéir.

B. Donnez cette petite farce.

LA FARCE DU PÂTÉ ET DE LA TARTE

PERSONNAGES

Baillevent

Malepaye

Gautier, pâtissier

Marion, sa femme

Le théâtre représente un faubourg du vieux Paris au quinzième siècle. Au fond, vieilles maisons à pignon sur rue, à étages en surplomb, à charpentes apparentes, bizarrement enchevêtrées. A gauche, une boutique avec cette enseigne au-dessus de la porte : *Au Pâté d'Anguille*, Gautier, *pâtissier*. A droite, un banc de pierre, à l'entrée d'une rue.

LA FARCE DU PÂTÉ ET DE LA TARTE
SCÈNE PREMIÈRE

BAILLEVENT, MALEPAYE, *chacun d'un côté du théâtre.*

BAILLEVENT.

Ouiche!
(*Il se met à marcher, les mains enfoncées dans ses poches.*)

MALEPAYE.

Qu'as-tu?

BAILLEVENT.

Le froid me glace!
Je ne puis pas rester en place!
Ma veste est d'un pauvre tissu!

MALEPAYE.

En effet, tu n'es pas . . . cossu.
Ni moi non plus.   Mon cœur en saigne!
Nous sommes à la même enseigne.
Tu pourrais prendre mon pourpoint;
Certe il ne te parerait point!
Ouiche!
(*Il se met à marcher, les deux mains dans ses poches.*)

BAILLEVENT.

Qu'as-tu?   Le froid me glace!
Je ne puis pas rester en place.
Nous sommes pauvres besogneux.
Nous faisons la paire à nous deux!
Ouiche!

(*Même jeu.*)

Je trouve l'existence amère!

MALEPAYE.

Qu'as-tu!

BAILLEVENT.

　　　　　Le froid me glace!
Je ne puis pas rester en place.
Ma veste est d'un pauvre tissu.
C'est que je suis fort peu cossu!

MALEPAYE.

Et moi?　Le suis-je davantage?
J'ai faim, j'ai froid, j'ai soif, j'enrage,
Car je n'ai pas un sou vaillant!
Il faut que je reste, bâillant,
En attendant quelque pitance,
A moins d'encourir la potence
En . . . empruntant de quoi dîner!
Ne peux-tu pas imaginer
Quelque moyen pour nous refaire?

BAILLEVENT.

Je trouve l'existence amère!

Quand pourrons-nous donc être saouls?

MALEPAYE.

Si tu trouvais quarante sous,
Les mettrais-tu dans une armoire?

BAILLEVENT.

Tu ferais acte méritoire
Si tu me donnais un moyen!

MALEPAYE.

Eh! par ma foi! je ne vois rien!
Sinon d'aller en quelque auberge
Où pour la frime on vous héberge . . .

BAILLEVENT.

En connais-tu?

MALEPAYE.

                    Je n'en vois pas!
Partout on paye ses repas.

BAILLEVENT.

Il faut donc aller de la sorte
En quémandant de porte en porte!
     (*Il va frapper à la porte du pâtissier. Malepaye sort par la
droite.*)

BAILLEVENT.

Ayez pitié, mon bon marchand!

SCÈNE II

BAILLEVENT, GAUTIER, le pâtissier

GAUTIER, *ouvrant le volet de la porte.*

Mon brave, je n'ai pas d'argent!
Ma femme n'est pas là! C'est elle
Qui porte toujours l'escarcelle.

Mais reviens à la Trinité,
Nous te ferons la charité.

Mais reviens à la Trinité,
Nous te ferons la charité.
(*Il referme le volet.   Baillevent s'éloigne.*)

SCÈNE III

Malepaye, Marion, la pâtissière

Malepaye, *s'approche tandis que Baillevent s'éloigne vers la
gauche du théâtre.*

Daignez me donner quelque aumône;
Le Seigneur bénira qui donne!
Je suis un pauvre malheureux.
Depuis hier j'ai le ventre creux!

Marion, *ouvrant le volet, d'une voix sèche.*

Mon mari n'est pas là, brave homme!

Et je n'ai pas la moindre somme
Sur moi.   Toujours il a l'argent.
Tu reviendras à la Saint-Jean:
Nous pourrons faire quelque chose.
                    (*Elle referme le volet.*)

MALEPAYE.

Dans ce métier tout n'est pas rose.
Je laisse à mon ami ce soin,
Je vais attendre dans ce coin.
                    (*Il s'assied sur le banc à droite.*)

SCÈNE IV

MARION, la pâtissière; GAUTIER, le pâtissier; *et* MALEPAYE,
           dans le coin du théâtre.

GAUTIER.

Femme! je vais dîner en ville;
Mais afin de partir tranquille,
Je veux qu'il soit bien arrêté,
Femme, au sujet du gros pâté,
Qu'ici quelqu'un viendra le prendre
De ma part.   Il faut donc s'entendre.

MARION.

Certes! car vous le savez bien,
Sans votre ordre je ne fais rien.

GAUTIER.

Comme tu ne sais pas bien lire,
Et que je ne sais pas écrire,
Je ne t'enverrai pas de mot;
Je choisirai quelque marmot,

Du signe, femme, souviens-toi!

Quelque valet pris sur ma route!
Mais ne va pas lâcher la croûte
Sottement au premier venu!
Pour être de toi reconnu,
Celui qui fera mon message,
Précaution qui paraît sage,
Devra te prendre par le doigt!
Du signe, femme, souviens-toi!

(*Il s'éloigne. Marion rentre dans la maison.*)

SCÈNE V

Baillevent, Malepaye

Baillevent, *entrant par la gauche du théâtre, considère un instant Malepaye, qui reste immobile et songeur sur un banc de pierre.*

As-tu trouvé quelque pitance?

84

MALEPAYE.

Je réfléchis sur l'existence!
Je tombais presque en pâmoison,
Mais on m'a nourri de raison!
Et toi?

BAILLEVENT.

De même!

MALEPAYE.

Ami, l'aubaine
Me paraît maigre pour l'étrenne!
C'est le mari qui tient l'argent:
Il fait l'aumône à la Saint-Jean.

BAILLEVENT.

C'est la femme qui tient la bourse!
Il paraît qu'elle était en course;
Mais elle fait la charité
Tous les ans, à la Trinité.

MALEPAYE.

Alors simple est notre partage.
Tu n'as pas reçu davantage
Que moi-même?

BAILLEVENT.

J'ai toujours faim.

MALEPAYE.

Et, pour avoir l'estomac plein,
Ferais-tu ce que je vais dire?

BAILLEVENT.

Ce n'est pas le moment de rire!
Comment ne le ferais-je pas?

MALEPAYE.

Eh bien, va-t'en donc de ce pas
Demander un pâté d'anguille
A cette marchande gentille . . .
     (*A part.*)
Gentille! un guichet de cachot
Est plus aimable! Mais il faut
Pourtant sortir de cette affaire!
     (*Haut.*)
Dis! Veux-tu faire bonne chère?
Va donc à cette porte encor!
Et cette fois frappe bien fort,
Ainsi que quelqu'un qui commande! . . .

BAILLEVENT.

A quoi bon? Je sais quelle offrande
On me garde en cet endroit-ci!
Rien . . . ou des coups! Merci! merci!

MALEPAYE, *se rengorgeant.*

Tu sais bien que je suis un sage.
Peux-tu douter de mon message?
Sans crainte et d'un air effronté,
Va-t'en demander le pâté!
Mais écoute cette parole,
Sans quoi tu joueras mal ton rôle:
A la marchande sans retard
Tu diras: «Je viens de la part
De maître Gautier, chère dame!
Il m'a dit que je vous réclame
Le gros pâté que vous savez.
Donnez-le-moi, car vous l'avez!
On l'attend pour se mettre à table . . .»
Et comme signe véritable,
Pour montrer que c'est bien à toi

De l'emporter, prends-lui le doigt!
Va! tu verras si je t'abuse!

BAILLEVENT.

Ma foi! je vais tenter la ruse!
Mais si le mari n'était pas
Encor parti pour ce repas
Dont tu parles?

MALEPAYE.

Si! tout à l'heure
Il est sorti de sa demeure!

BAILLEVENT.

Ah! Je vais lui serrer le doigt!

MALEPAYE.

Et la dame, comme elle doit,
Ne fera faute à la promesse:
Nous aurons mets de haute graisse
Avant la Saint-Jean.   Qu'en dis-tu?

BAILLEVENT.

Ma foi! je crains d'être battu!
Si par hasard notre commère
Allait se douter de l'affaire . . .

MALEPAYE.

Eh! qui ne risque rien n'a rien!

BAILLEVENT.

Je t'écoute: c'est bien, c'est bien!
Je m'en vais frapper à la porte,
Et le pâté, je te l'apporte!

*(Il va frapper à la boutique du pâtissier, tandis que son
camarade sort par la droite.   La pâtissière ouvre le volet.)*

SCÈNE VI

BAILLEVENT, MARION, la pâtissière

BAILLEVENT.

Madame, je viens de la part
De votre mari. Sans retard
Il m'a dit de venir en hâte
Ici, de peur qu'il ne se gâte,
Vous demander le gros pâté
D'anguilles. —A votre santé
On le mangera!

MARION.

Mais sans doute,
Avant de t'avoir mis en route,
Il t'aura donné quelque mot
Afin que je sache s'il faut
A ta parole m'en remettre!

BAILLEVENT, *d'un air naïf.*

Il ne m'a pas donné de lettre,
Mais il m'a dit que par le doigt
Je vous prenne, et qu'ainsi l'on doit
Reconnaître que le message
Est vrai. Car il serait dommage
Que d'autres gens que vos amis
Mangeassent le pâté promis!
Donnez le doigt, que je le touche.

MARION *va chercher le pâté.*

Certes, l'eau nous vient à la bouche
En regardant ce pâté-là!
Je vais le mettre dans un plat!

BAILLEVENT.

Oh! madame, c'est inutile:
J'en aurai soin, soyez tranquille!

Nous aurons soin de tout manger!

MARION, *à qui Baillevent a voulu prendre le doigt.*
C'est bien! c'est bien!—Le beau pâté!
De crainte qu'il ne soit gâté
Je le couvre d'une serviette . . .
Surtout n'en perds pas une miette!

BAILLEVENT.
(*Elle lui donne le pâté enveloppé.*)
Nous aurons soin de tout manger!

MARION.
Tu dis?

BAILLEVENT, *s'éloignant.*
Je dis: Pas de danger!
J'en aurai soin, ma chère dame,
Ainsi qu'un chrétien de son âme!
(*Marion rentre dans sa boutique et referme son volet.*)

89

SCÈNE VII

BAILLEVENT, *seul*

BAILLEVENT, *seul*.

Bien! mais c'eût été plus gentil
De me dire: Bon appétit!
Ne suis-je pas un bon compère?
Me voici bien pourvu, j'espère!
Ce pâté d'aspect savoureux,
Ce pâté riche et bienheureux.
Ce pâté de noble tournure,
Ce pâté, douce nourriture,
Ce pâté très seigneurial,
Ce pâté de parfum royal!
Ce pâté, digne d'un chanoine,
A damner le grand saint Antoine!
Ce beau pâté, digne des dieux,
Ce pâté calme et radieux,
Ce pâté, gros comme le Louvre,
Pour lui mon estomac s'entr'ouvre!
Il est à nous, il est à moi.
Ah! je l'embrasserais, ma foi!

(*Il le pose avec précaution par terre et s'incline avec respect.*)

Sire pâté, je vous salue!

(*Malepaye est entré pendant que Baillevent prononçait les derniers mots de son monologue.*)

SCÈNE VIII

BAILLEVENT, MALEPAYE

MALEPAYE.

Ma foi! je n'ai pas la berlue!
C'est bien toi! Mais que fais-tu là?

BAILLEVENT, *avec ampleur.*

Voici le pâté sur un plat!
Auprès d'un mets de telle graisse
Ne faut-il pas que l'on s'empresse?

MALEPAYE.

Eh bien! t'ai-je conseillé mal?
Nous allons faire un vrai régal!
Tu t'en es tiré comme un maître.

BAILLEVENT.

Te doutais-tu qu'il pourrait être
Si gros?

MALEPAYE.

J'en suis émerveillé!

BAILLEVENT.

Allons! c'est assez babillé!
(*Ils s'éloignent par la gauche avec le pâté, tandis que le
pâtissier arrive par la droite.*)

SCÈNE IX

GAUTIER, le pâtissier, *seul, furieux*

GAUTIER, *seul, furieux.*

Quoi! se peut-il que de la sorte
On laisse devant une porte,
Sans lui répondre, un invité
Qui doit apporter un pâté?
On était convenu de l'heure;
Je pars à temps de ma demeure;
J'arrive et frappe . . . On n'ouvre pas.
Ils sont absents! Et le repas?

J'agite le marteau! . . . Je sonne!
Je répète mon nom! . . . Personne!
Mais je saurai bien me venger!
> (*D'un ton radouci, en souriant.*)

En attendant je vais manger
Mon pâté. Cela me console.
La pâte en doit être bien molle,
Bien tendre et, pour nous régaler,
Nous allons tous deux avaler,
—Comme époux qui font bon ménage,
Quoique anciens dans le mariage,—
Avec ma femme, ce produit
De mon art.

(*Il frappe à la porte, d'abord doucement, puis s'impatiente et redouble les coups.*)

> Est-ce qu'aujourd'hui
On doit me laisser dans la rue?

SCÈNE X

GAUTIER, MARION

MARION, *ouvrant.*

Eh! Pourquoi cette voix bourrue?
Vous voici déjà de retour?
Vous avez fait un repas court!

GAUTIER.

Là-bas, je n'ai trouvé personne!

MARION.

Et vos amis?

GAUTIER.

> Je vous étonne?
C'est pourtant ainsi! Les amis

Ont oublié le jour promis!
Mais la chose m'est bien égale!
Sans eux, femme, l'on se régale.
Nous allons dîner tous les deux.

MARION.

Cela me semble hasardeux!
Car nous aurons bien maigre chère!
Rien qu'une tarte!

GAUTIER.

            Hé! Ma commère!
Comptez-vous pour rien le pâté?

MARION.

Quoi! Ne vous l'a-t-il pas porté,
Celui qui vint ici le prendre?

GAUTIER.

Que voulez-vous me faire entendre?
Quelqu'un de ma part est venu?

MARION.

De votre part! . . . Un inconnu . . .

GAUTIER, *l'interrompant brusquement.*

Un inconnu! Quoi! Triple sotte!
Mais attendez que je vous frotte
Le dos à grands coups de bâton!
Quoi! Vis-à-vis de moi peut-on
Se montrer aussi téméraire?

MARION.

Comme vous aviez dit de faire,
Il m'a serré le petit doigt.

GAUTIER.

C'est malgré lui qu'un mari doit

En venir à battre sa femme . . .
Mais il le faut pourtant, chère âme,
Et je vais chercher un bâton!
Me prenez-vous pour un mouton?

MARION.

Voyons! Pourquoi tout ce tapage?
Ne tenez pas pareil langage!
Vous savez bien que le pâté . . .

GAUTIER.

Tu l'as mangé!

MARION.

Quel emporté!

GAUTIER.

Si! si! Tu l'as mangé, gourmande!
Et c'est pourquoi je te gourmande.
Allons! Je vais prendre un bâton!
Vous en aurez sur le menton!

MARION.

Vous voilà comme un diable à quatre!
Vous osez parler de me battre . . .

GAUTIER.

Eh bien, dites la vérité!
Qu'avez-vous fait de ce pâté?
Je . . .

MARION.

Vous êtes un misérable!

GAUTIER, *de plus en plus furieux.*

Je . . .

Vous osez vous moquer de moi . . .

MARION, *élevant aussi le ton de plus en plus.*

Truand, scélérat pendable!
Coquin, mari sans foi ni loi!
Vous osez vous moquer de moi
En venant de faire ripaille . . .

GAUTIER.

Vous vous tairez!

MARION.

Menteur! Canaille!

GAUTIER, *se contenant d'abord.*

Qu'avez-vous fait de mon pâté?
Ah! Vous aurez le dos frotté!

MARION.

Ne voulez-vous donc pas m'entendre?
Je vous dis qu'on l'est venu prendre
Tout à l'heure de votre part!

GAUTIER.

Suis-je donc un sot par hasard,
Ou bien quelque animal stupide?
J'enrage! J'ai le ventre vide!
Rien à se mettre sous la dent!

(*Ils rentrent tous deux dans la boutique et referment la porte.
On entend crier Marion, qui reçoit une vive correction.*)

SCÈNE XI

BAILLEVENT, MALEPAYE

BAILLEVENT, *d'un air rassasié, parlant avec lenteur.*

Écoute, mon ami; pendant
Qu'en me promenant je digère . . .
Sais-tu ce que tu devrais faire?

MALEPAYE.

Parle.

BAILLEVENT.

Je ne peux plus souffler . . .

MALEPAYE.

Quel plaisir ce fut d'avaler
Semblable croûte! Que t'en semble?

BAILLEVENT.

Parbleu! Nous avons fait ensemble
Un vrai repas de Bourguignon.
Mais nous aurions bien du guignon
Si nous n'avions pas quelque tarte
Encore, avant qu'elle ne parte
Chez quelque bourgeois trop heureux

Pour juger les mets savoureux!
Et, ma foi! ce serait dommage!

Malepaye.

C'est fort bien dit! Je rends hommage
Au talent de maître Gautier.

Baillevent.

Moi! J'en ferai mon cuisinier . . .
Si j'ai jamais une cuisine!
Mais va! . . . C'est la maison voisine.
Frappe fort, comme j'ai fait, moi;
En te présentant, par le doigt
Saisis la femme et lui demande
La tarte. Elle me semblait grande
Quand j'ai tout à l'heure emporté
De la boutique le pâté.
C'est une tarte appétissante!

Malepaye.

C'est bon, va-t'en! Je me présente.

Baillevent.

Mais souviens-toi de partager!
Chacun doit son morceau manger
Et ne jamais oublier l'autre!
Mon gain, le tien doit être nôtre!

Malepaye.

C'est convenu. Chacun aura
Sa part de ce qu'on gagnera!
Va-t'en m'attendre.

(*Tandis qu'ils se séparent, on entend Marion qui crie dans
la coulisse.*)

MARION.

Holà! ma mère!
Aïe! quelle existence amère!
Je suis morte! A coups de bâton
Il m'a tuée! Aïe! Peut-on
Traiter sa femme de la sorte!

SCÈNE XII

MALEPAYE, *puis* MARION

MALEPAYE, *frappant à la porte.*

Holà! madame! Ouvrez la porte!

MARION.

Que voulez-vous?

MALEPAYE.

Je viens ici,
Comme le pâté prendre aussi
La tarte, qui doit être cuite.
Je dois l'emporter tout de suite.
Comme signe certain je dois,
Madame, vous prendre les doigts:
Vous pouvez croire à mon message . . .

MARION.

Mais oui, tu me parais très sage.
  (*A part.*)
La tarte sera de ton goût.
  (*Haut.*)
Mais il faut bien songer à tout!
Ne dois-tu pas porter à boire?

MALÉPAYE.

C'est vrai! Je manque de mémoire!
Donnez-moi de ce petit vin
Qu'on fit en quatorze cent vingt . . .
Oh! Que belles étaient les treilles
En ce temps!

MARION.

Combien de bouteilles?

MALEPAYE.

Deux.

MARION.

Je vais vous en chercher trois.

MALEPAYE, *à part.*

Nous ferons un festin de rois!

MARION.

Attendez un moment, mon brave,
Le temps de descendre à la cave!
                    (*Elle rentre dans la boutique.*)

SCÈNE XIII

MALEPAYE, *d'abord seul, puis* GAUTIER

MALEPAYE.

On me traite en enfant gâté!
(*Pendant qu'il dit ce vers, Gautier le pâtissier sort de la maison, s'approche de lui par derrière, sans bruit, et lui ap-
plique brusquement une vigoureuse taloche.*)

Qu'avez-vous fait de mon pâté . . .

GAUTIER, *d'un ton sombre.*

Qu'avez-vous fait de mon pâté . . .
Qu'ici vous êtes venu prendre? . . .
Réponds, ou je te ferai pendre!

MALEPAYE, *après avoir considéré Gautier d'un air piteux,
en frottant la partie atteinte.*

Messire, on vous aura conté
Des mensonges! Car, de pâté,
Je n'en ai jamais pris!

GAUTIER.

Canaille!
(*Il lui donne des coups de bâton.*)

MALEPAYE, *qui tourne en rond sans
pouvoir fuir.*

Ah! Permettez que je m'en aille!

GAUTIER.

Cela t'aurait trop peu coûté!

(*Il continue à le battre.*)

Tu ne m'as pas pris de pâté?

MALEPAYE.

De grâce, cessez de me battre!
Si! si! J'en ai pris deux! trois! quatre!
Et cinq, si vous voulez!

GAUTIER.

Non pas!

Pas cinq! J'avais pour ce repas,
Où l'on devait m'attendre en ville,
Préparé de ma main habile
Un seul! Un superbe pâté!
Et c'est toi qui l'as emporté!
Réponds! Il faut qu'on me le rende!

MALEPAYE.

C'est une difficulté grande!
Car, s'il était vraiment à vous . . .

GAUTIER.

Je m'en vais redoubler de coups!
Tu te souviendras de la danse,
Scélérat, gibier de potence!
Dis, qu'as-tu fait de mon pâté?

(*Il menace toujours de son bâton.*)

MALEPAYE.

Ce n'est pas moi qui l'ai goûté:
Sachez que c'est mon camarade;
Si vous cessez cette brimade,
Je vous dirai tout gentiment!

(*Le pâtissier abaisse son bâton.*)

Vous saurez donc, maître, comment
Je vins vous demander l'aumône
Bien humblement, hélas! Personne
Ne compatit à mon malheur!
Je m'éloignais, plein de douleur,
Quand, en partant dîner en ville,
Vous avez dit, en homme habile,
A votre femme qu'il fallait
Remettre sans faute au valet
Qui viendrait en faire demande,
De votre part, le pâté. Grande
Alors fut ma tentation.
J'avais très bonne intention,
Mais la faim, hélas! fut plus forte:
Mon compagnon vint à la porte . . .
Comme il m'avait bien écouté,
Il me rapporta le pâté!

GAUTIER.

Ah! vous faites tous deux la paire!
Scélérats, mais je vais vous faire
Pendre bien court à Montfaucon!

MALEPAYE.

L'œil éveillé, comme un faucon,
Mon camarade, pas moi, maître,
Pensa qu'on pourrait se repaître
D'une tarte après le pâté!

GAUTIER, *levant son bâton.*

Est-on à ce point effronté?

MALEPAYE.

Il l'avait vue à l'étalage
Lorsqu'il fit son premier message! . . .

Il m'avait chargé du second.
Mais avec ce doux compagnon
Nous faisons un juste partage!

GAUTIER.

Canaille! En l'écoutant j'enrage!
Eh bien, puisque vous partagez
Les aubaines que vous mangez,
Va-t'en chercher ton camarade,
Qu'il ait sa part de bastonnade!
C'est ton devoir, et c'est son droit!
Ou dans un lacet bien étroit
Je te ferai passer la tête.

MALEPAYE.

Je le fais! Car c'est très honnête.
Pourquoi sa part n'aurait-il pas,
Comme il eut sa part du repas?

GAUTIER.

Vas-y, canaille, ou je t'assomme!

MALEPAYE.

Je vous le dis,—foi d'honnête homme!
Je vais l'envoyer près de vous
Vous demander sa part de coups.

GAUTIER.

Il l'aura sans qu'il la demande!

                                   (Il rentre chez lui.)

SCÈNE XIV

BAILLEVENT, MALEPAYE

BAILLEVENT.

Eh bien, et la tarte d'amande?

MALEPAYE.

Elle est d'amande? . . . C'est fort bien!
Mais c'est la femme qui la tient!
Elle n'a pas voulu m'entendre:
«C'est le messager qui vint prendre
Le pâté, dit-elle, qui doit
Venir la saisir par le doigt.»
Vas-y donc pour avoir la tarte!

BAILLEVENT.

Il faut de nouveau que je parte
En chasse? Attends, j'y vais, j'y vais!
Le pâté n'était pas mauvais!

MALEPAYE.

Va donc chercher la tarte en hâte.

BAILLEVENT.

Ce pâtissier pétrit la pâte
Avec beaucoup d'habileté
Si j'en juge par le pâté;
Il doit avoir la main légère.
(*Malepaye se frotte les épaules en faisant la grimace.*)
Quel doux repas nous allons faire!

MALEPAYE.

Oui! La main légère, en effet.
(*A part.*)
J'ai senti l'accueil qu'il m'a fait.
(*Il sort.*)

SCÈNE XV

BAILLEVENT, MARION, *puis* GAUTIER

BAILLEVENT, *après avoir frappé bruyamment à la porte, à
Marion qui vient lui ouvrir.*
Holà! Dépêchez-vous, madame!

C'est votre mari qui réclame
Cette tarte que vous savez!
Donnez vite, car vous devez
L'avoir dès longtemps préparée.

MARION.

Ne restez donc pas à l'entrée
De la boutique, ainsi debout.
Sans doute vous venez du bout
De la ville, et vous devez être
Fatigué. Reposez-vous, maître.
> (*Il n'entre pas. Elle lui apporte un siège.*)

BAILLEVENT.

Pour votre obligeance, merci,
Je suis pressé.

MARION, *plaçant un siège derrière lui.*

Mais si, mais si!
Je vais aller querir la tarte!

BAILLEVENT, *s'asseyant.*

Bien! Mais, avant que je reparte,
Songez si vous n'oubliez rien!

MARION.

Non! non! Je vous servirai bien,
Et vous recevrez davantage
Que vous ne demandez, je gage!

BAILLEVENT, *haut, mais à part.*

Bon! J'aurai quelque rogaton!

GAUTIER, *apparaissant avec Marion.*

Vous aurez cent coups de bâton!

BAILLEVENT, *qui s'est levé brusquement.*

Je ne vous comprends pas, messire!
Que voulez-vous?

GAUTIER, *montrant son bâton.*

Je vais l'écrire
Sur votre dos avec ceci.

BAILLEVENT.

Seigneur! Ayez de moi merci!
Je suis un pauvre misérable!

GAUTIER.

Je vais vous donner sur le râble
Cent bons coups de ce bâton-là!
Vous ne songiez pas à ce plat!

MARION.

Vous m'avez fait frotter les côtes!
Mais sur les branches les plus hautes
D'un beau gibet on vous pendra!

GAUTIER, *le frappant.*

Voici la tarte, scélérat!
Affreux coquin! voleur infâme!
(*Il lui administre une correction.*)

BAILLEVENT.

Aïe, aïe! Je vais rendre l'âme!

MARION.

Du pâté tu te souviendras!

(*Ils rentrent tous les deux dans la maison, laissant le pauvre
diable qui se frotte piteusement les membres.*)

Tu m'as fourré dans de beaux draps!

SCÈNE XVI

BAILLEVENT, MALEPAYE

BAILLEVENT, à *Malepaye qui entre.*

Tu m'as fourré dans de beaux draps!
Tu voulais donc me faire battre?
Il frappe comme un diable à quatre!

MALEPAYE.

Ne devions-nous pas partager?
Du pâté je t'ai fait manger:
Devais-je oublier le partage?
D'ailleurs j'en reçus davantage!

BAILLEVENT.

Oui! Mais frappait-il aussi fort?

MALEPAYE.

Parbleu! Je m'en ressens encor!

Baillevent.

Laissons cela!

Malepaye.

Mais quelle emplette!

Baillevent.

Écoute! J'avais en cachette,
Tantôt su mettre de côté
La moitié de notre pâté,
Tandis que tu mangeais si vite!
Maintenant que me voilà quitte
Avec l'autre: sans rien voler,
Mangeons donc pour nous consoler.

RIDEAU

EXPLICATIONS ET EXERCICES

LA FARCE DU PÂTÉ ET DE LA TARTE

Scènes I à XI

A. Explications:

Qu'as-tu? *What is the matter with you?*

Ni moi non plus. *Nor I either.*

Se mettre à: commencer à.

je n'ai pas un sou vaillant: je n'ai ni biens ni argent.

auberge. Un petit hôtel de campagne où descendent les
voyageurs.

la Trinité. Fête catholique en l'honneur de la trinité
chrétienne: du Père, du Fils, et du Saint Esprit. La
fête a lieu le premier dimanche qui suit la Pentecôte.

la Saint-Jean. Fête de Saint Jean, le 24 juin.

Il faut donc s'entendre. *We must have an understanding.*

Savoir veut dire *to know how to* ici.

Je ne t'enverrai pas. Enverrai, le futur du verbe **envoyer.**

au premier venu. Traduisez: *to the first one that comes along.*

de ce pas: tout de suite, immédiatement.

Merci! merci! veut dire *No, thank you.*

Je viens de la part de maître Gautier. *I come from Master Gautier.*

Être à qqn. de faire qch. *To be one's place to do something.* **Pour montrer que c'est bien à toi de l'emporter.** *To show that you are the one to carry it away.*

Abuser: tromper.

demeure: maison, signifie ici la boutique.

Faire faute à: manquer à. **Et la dame . . . ne fera faute à la promesse.** *And the woman . . . won't break her promise.*

se douter de: soupçonner.

Eh! qui ne risque rien n'a rien. *Oh! he who risks nothing gains nothing; no risk, no gain.*

de peur qu'il ne se gâte. *for fear that it will spoil.* **De peur que + ne + subjonctif.** Ici **ne** ne se traduit pas.

Afin que je sache. Afin que demande le subjonctif. Quel est l'infinitif du verbe?

Mais il m'a dit que par le doigt Je vous prenne. Le verbe **dire** demande le subjonctif quand il exprime un ordre.

Mangeassent. L'imparfait du subjonctif du verbe **manger** après **il serait dommage.** Le subjonctif imparfait est souvent remplacé par le subjonctif présent.

Certes, l'eau nous vient à la bouche. *Most certainly it makes your mouth water.*

De crainte qu'il ne soit gâté. Voyez la note pour **de peur que,** ci-dessus.

c'eût été plus aimable. *it would have been nicer.*

Louvre (palais du), ancienne résidence royale. Aujourd'hui un musée.

je n'ai pas la berlue. *I haven't anything wrong with my eyesight.*

Se tirer d'affaire *ou* **s'en tirer.** *To get along, to succeed,* *to get out of a difficulty.* **Tu t'en es tiré comme un maître.** *You succeeded as a master.*

Mais la chose m'est bien égale. *But the affair is nothing to me.* *But it is quite immaterial to me.*

maigre chère. Très peu à manger.

Celui qui vint ici le prendre. Vint, passé défini du verbe **venir.** Traduisez comme le passé indéfini.

la ripaille. Mot populaire pour **grande chère.**

Rien à se mettre sous la dent: rien à manger.

une vive correction, c'est à dire des coups de bâton.

B. Répondez:

1. Baillevent et Malepaye que vont-ils faire pour trouver à manger?
2. Où frappe Baillevent? Malepaye?
3. Quelles réponses reçoivent-ils?
4. Où va Gautier, le pâtissier?
5. Pourquoi va-t-il envoyer quelqu'un à la maison?
6. Quel signe va-t-on donner pour être reconnu de Marion, la pâtissière?
7. Qui entend cette conversation entre le pâtissier et sa femme?
8. Malepaye quel conseil donne-t-il à Baillevent?
9. Quelles sont les objections de Baillevent à ce conseil?
10. Finalement que dit Malepaye pour persuader à son ami de suivre son conseil?
11. Alors Baillevent va-t-il frapper à la porte de la pâtissière?
12. Que dit-il à Malepaye quand il part?
13. Baillevent comment emporte-t-il le pâté?
14. Dans le monologue de Baillevent, cherchez quelques adjectifs qui s'appliquent au pâté; voici quelques adjectifs plus usités: bon, délicieux, délicat, exquis.
15. Baillevent et Malepaye que font-ils avec le pâté?
16. Gautier, pourquoi est-il furieux?
17. Comment va-t-il se consoler?
18. Que dit Marion quand Gautier lui dit qu'ils vont avoir un grand dîner, tous les deux?

19. Gautier, pourquoi gronde-t-il sa femme?
20. Qu'entend-on après leur entrée dans la maison?

C. Pronoms:

1. Continuez les phrases suivantes:
   a. Il ne m'enverra pas de mot. Il ne t'enverra pas de
      mot . . . .
   b. Il m'a dit de venir tout de suite.
   c. Il ne m'a pas donné le gros pâté.
   d. Il me fera la charité.
2. Continuez les phrases suivantes:
   a. Le pâté est à moi. Le pâté est à toi. . . .
   b. Il faut partager le pâté avec moi.

D. Remplacez les noms (compléments directs et indirects)
par les pronoms (compléments directs et indirects); faites les
phrases ainsi changées négatives:

Modèle: Je laisse à mon ami ce soin; je le lui laisse; je ne
le lui laisse pas.

1. Il referme le volet.
2. On attend le gros pâté pour se mettre à table.
3. Donnez-moi le gros pâté.
4. Il a dit à Baillevent de venir tout de suite.
5. On mangera le pâté avant le retour du pâtissier.
6. Je vais mettre le pâté dans un plat.
7. On laisse Gautier devant la porte sans lui répondre.
8. On vous apportera le pâté.
9. Allez demander un pâté à cette marchande gentille.

E. Questions:

1. Changez les questions suivantes à la deuxième personne
   du pluriel; à la troisième personne du singulier;
   posez chaque question avec *est-ce que:*
   Modèle: Qu'as-tu? Qu'avez-vous? Qu'a-t-il? Qu'est-ce
   que tu as? Qu'est-ce que vous avez? Qu'est-ce
   qu'il a?
   a. Les mettras-tu dans une armoire?
   b. Veux-tu faire bonne chère?

   c. Qu'en dis-tu?
2. Changez les questions suivantes à la troisième personne
   du singulier; à la troisième personne du pluriel:
   Modèle: Que faites-vous là? Que fait-il là? Que font-
   ils là?
   a. Comptez-vous pour rien le pâté?
   b. Que voulez-vous me faire entendre?
   c. Qu'avez-vous fait de ce pâté?

F. Verbes:
   1. Étudiez et faites négatives les phrases suivantes:
      a. Il est sorti de la boutique tout à l'heure.
      b. Le mari est déjà parti pour ce repas en ville.
      c. Quelqu'un est venu de ma part chercher le pâté.
      d. Baillevent est arrivé chez le pâtissier après son
         départ.
      e. Malepaye est allé chercher le pâté le premier.
   2. Faites une liste des verbes dans les phrases a, b, c, d, e;
      donnez l'auxiliaire et dites pourquoi.
   3. Écrivez les phrases a, b, c, d, e, à la troisième personne
      du pluriel.

G. Observez les modèles donnés; complétez le tableau;
donnez une règle générale pour la formation du féminin:

Masculins	Féminins
1. pâtissier	pâtissière
2. boulanger	boulangère
3. couturier	_____
4. chaudronnier	_____
5. berger	_____
6. cuisinier	_____
7. écolier	_____
8. trésorier	_____
9. ouvrier	_____

Scène XI à la fin

A. Explications:

Je ne peux plus souffler. Pourquoi?

Bourguignon, -onne, *adj.* et *n.*   De la Bourgogne.   La
  Bourgogne est une province célèbre pour ses vins.
  Un vrai repas de Bourguignon. *An excellent repast.*

la coulisse.   Partie du théâtre, placée derrière la scène.

Je dois, . . . Madame, vous prendre les doigts. *I am*
  . . . to take you by the fingers, Madam.   Voyez le plan
  du verbe **devoir,** pages 8, 9.

Manquer de quelque chose.   Je manque de mémoire.
  My memory is failing.

Que belles étaient les treilles   En ce temps!   Que les
  treilles étaient belles en ce temps! *How beautiful the*
  spreading vines were at that time!   (1420)

Traiter qqn. en qqn. *To treat some one as some one.*   **On**
  me traite en enfant gâté.

Fuir : s'échapper.

J'en ai pris deux.   On dit en français: J'ai pris **deux**
  pâtés ou J'en ai pris **deux.**

Et c'est toi qui l'as emporté. *And you are the one who*
  took it away.   **Ce + être + pronom** pour donner plus
  de force au pronom.

Montfaucon.   Localité située autrefois hors de l'enceinte
  de Paris, et où s'élevait un gibet fameux construit au
  XIIIᵉ siècle.

se repaître : se nourrir.

Est-on à ce point effronté? *Can one be brazen faced*
  (impudent) to such an extent as this?

Aller chercher. *To go get.*

vous devez être Fatigué. *you must be tired.*   La probabilité.   Voyez le plan du verbe **devoir,** pages 8, 9.

aller querir : aller chercher.

Tu m'as fourré dans de beaux draps! *You got me in a*
  fine mess!

Tu voulais donc me faire battre? *You wanted to have me*
  beat (did you)?

B. Répondez:

  1. Baillevent et Malepaye que désirent-ils maintenant?

2. Qui va chez le pâtissier cette fois-ci?

3. Que dit Malepaye à Marion quand il cherche la tarte?

4. Marion que dit-elle qu'elle va chercher?

5. Que demande Gautier à Malepaye?

6. Que fait-il?

7. Qu'est-ce que Malepaye raconte à Gautier?

8. Malepaye pourquoi va-t-il chercher Baillevent?

9. Quelle raison donne-t-il à Baillevent?

10. Que dit Marion à Baillevent?

11. Pourquoi Marion pense-t-elle que Baillevent est fatigué?

12. Que dit Gautier que Baillevent aura?

13. Que fait Baillevent quand le pâtissier et sa femme rentrent dans la maison?

14. Comment trouvez-vous (*how do you like*) la fin de la farce? Écrivez-en une autre suivant vos idées personnelles. Insistez sur l'idée de la querelle entre Baillevent et Malepaye.

C. Expliquez l'emploi du verbe **devoir** dans les phrases suivantes: (Voyez le plan du verbe **devoir**, pages 8, 9.)

1. Je dois l'emporter tout de suite.

2. Ne devez-vous pas porter à boire aussi?

3. On devait m'attendre en ville pour un dîner.

4. Ne devons-nous pas tout partager?

5. Il doit avoir la main légère.

D. Conjuguez les phrases suivantes:

1. Avant que je reparte, songez à tout.

2. Je ne veux rien oublier cette fois-ci.

3. Je n'en ai jamais pris.

4. Ce n'est pas moi qui l'ai goûté.

5. Elle n'a pas voulu m'entendre.

6. Je voulais donc le faire battre.

7. Il faut qu'on me le rende. Il faut qu'on te le rende . . .

E. Cherchez dans le texte des expressions équivalentes aux mots en italiques:

1. Allez à la maison *proche;* frappez fort.
2. Vous pouvez *ajouter foi* à mon message.
3. Permettez que je *parte.*
4. De grâce, cessez de me *donner des coups de bâton.*
5. Vous avez dit à votre femme de *donner* le pâté au garçon.
6. Est-on à ce point *impudent?*
7. Il faut *encore une fois* que je *m'en aille.*
8. Vous *êtes probablement fatigué.* (Servez-vous du verbe **devoir.**)

F. Étude de mots:

1. Étudiez les phrases suivantes; expliquez ce que semblent vouloir dire les préfixes **re, r.**
   a. Mais reviens à la Trinité,
      Nous te ferons la charité.
   b. Marion rentre dans la boutique et referme son **v**olet.
   c. Il frappe à la porte d'abord doucement, puis s'impatiente et redouble les coups.
   d. Il me rapporta le pâté.
   e. Avant que je reparte, dit Baillevent à Marion, songez si vous n'oubliez rien.

2. Formez un verbe composé de l'un des mots suivants et d'un des préfixes **re, r, ré.**
   Modèle: faire   re faire
   a. prendre
   b. dire
   c. envoyer
   d. lire
   e. chauffer
   f. mettre

3. Cherchez des exemples semblables et dans le texte de la leçon et dans le dictionnaire.

Exercices de Récapitulation

A. Remplacez le tiret par le mot convenable ou par la forme convenable du verbe entre parenthèses:

1. Baillevent se met——— marcher, les mains enfoncées ——— ses poches.
2. Si vous (trouver) quarante sous, le mettriez-vous dans une armoire?
3. Marion rentre ——— la maison.
4. Dites ——— la pâtissière: «Je viens de la ——— de Maître Gautier. On attend le pâté pour ——— mettre à table.»
5. Qui ne risque rien n'a ———.
6. Il m'a dit que je vous (prendre) par le doigt.
7. Malepaye ——— entré pendant que Baillevent prononçait les derniers mots de son monologue.
8. Vous vous en ——— tiré comme un maître.
9. Gautier frappe à la porte, d'abord doucement, puis s'impatiente et ——— les coups.
10. Quelqu'un ——— venu de ma part chercher le pâté?
11. Marion crie: «Aïe! quelle existence amère! Je suis (mourir).»
12. Ah! permettez que je (s'en aller).
13. Il faut qu'on me (rendre) mon pâté.
14. Mangeons donc pour ——— consoler.

B. La dictée:

Scène I. Baillevent, Malepaye.
- a. Ils ont froid.
- b. Ils ont faim.
- c. Ils vont aller de porte en porte.

Scène II. Baillevent, Malepaye, Gautier, Marion.
- a. Baillevent demande à Gautier de quoi manger.
- b. Malepaye demande à Marion de quoi manger.
- c. Gautier sort de la maison pour aller dîner en ville.

Scène III. Baillevent, Marion, Malepaye, Gautier.
- a. Baillevent cherche le pâté de la part de Gautier.
- b. Baillevent et Malepaye ont un grand festin.

    c. Gautier donne à sa femme des coups de bâton parce qu'elle a donné le pâté à Baillevent.

Scène IV. Baillevent, Malepaye, Gautier, Marion.

    a. Baillevent et Malepaye désirent la tarte aussi.

    b. Malepaye la cherche.

    c. Gautier lui donne des coups de bâton.

    d. Malepaye part et dit à Baillevent de chercher la tarte.

    e. Baillevent arrive et Gautier lui donne des coups de bâton aussi.

    f. Baillevent et Malepaye se consolent.

C. Traduisez exactement et rapidement les expressions suivantes:

1. She can't keep still.
2. Nor I either.
3. Have pity (on me).
4. We have no money.
5. Some one will come from me to get the pie.
6. Go ask the baker's wife for a pie.
7. What's the use?
8. The baker went out a while ago.
9. No risk, no gain.
10. He gave me no letters.
11. You succeeded as a master.
12. I didn't find anyone.
13. They treat me like a spoiled child.
14. Let me go!
15. Stop beating me and I'll tell you everything.
16. Hurry up!
17. You must be tired, come in and rest.
18. He is in a hurry.
19. You will remember the pie!

LA FARCE D'ÉSOPET ET DU COUTURIER

PERSONNAGES

Le Couturier

Ésopet, son garçon-apprenti

Le Gentilhomme

La Chambrière

La scène se passe dans un décor simultané. A l'extrême gauche, boutique de Couturier. Il y a une table et une chaise. Sur la table se trouvent dé, ciseaux, fil[1], craie, morceaux de drap, etc. A l'extrême droite, l'intérieur de la maison du Gentilhomme: grand fauteuil, table, cheminée. Sur le rebord de la cheminée se trouvent fusil, fouet de chasse, cor de chasse. Sur la table sont placés un rouleau de papier, un encrier, une grande plume d'oie, aussi du drap et de la fourrure. Entre les deux compartiments, une rue.

----

[1] fil se prononce (fil).

LA FARCE D'ÉSOPET ET DU COUTURIER

SCÈNE PREMIÈRE

Chez le Couturier

Le Couturier, Ésopet

Le Couturier. Écoutez, Ésopet, si l'on vient me demander pour aller tailler un habit, préparez ciseaux, fil, et dé pour que je n'oublie rien. J'ai vu le temps où j'avais beaucoup de travail à faire, mais aujourd'hui, hélas . . .

Ésopet. C'est parce que, si j'ose le dire, monsieur, vous ne faites rien à la dernière mode.

Le Couturier. Eh! Qu'est-ce que je fais donc, garçon?

Ésopet. Ce que vous faites? Des habits démodés. Si vous ne voulez pas fermer boutique, il faut suivre la mode d'aujourd'hui.

Le Couturier. Mais voyons, jeune impudent, il n'y a pas de Couturier qui connaisse mieux son métier! Ne suis-je pas le plus habile des tailleurs de la ville?

Ésopet. Alors pourquoi n'ai-je jamais reçu de gages?

Le Couturier. Vous ne faites jamais rien.

Ésopet. Pourtant je sais très bien enfiler l'aiguille et démêler votre fil. . .

Le Couturier, *l'interrompant.* (*A part.*) A-t-on jamais vu une impudence pareille? Ils deviennent de plus en plus insolents, ces animaux d'apprentis. On dirait que je suis dans mon tort de lui faire des observations. (*Parlé.*) Eh bien, mon garçon, je pourrai vous faire écouter raison si je

121

prends un bâton. Vous ne comprenez donc pas que tout est cher, maintenant, et que vous avez toujours une faim de loup! Vous êtes gras comme un moine!

Ésopet. C'est sans doute de l'air, parce qu'on ne mange pas ici. Ça, c'est certain!

Le Couturier. Allons, garçon, pas de dispute! Vous savez bien qu'il faut qu'un apprenti soit aimable et gentil.[1] Il faut même jeûner au besoin pour apprendre à tailler et à coudre.

Ésopet. Alors, maître, avec vous, il faut me résoudre à toujours attendre les bonnes choses. Mais à présent, il nous faut de l'ouvrage et tout de suite.

SCÈNE II

Chez le Gentilhomme

Le Gentilhomme, La Chambrière

(*Le Gentilhomme, installé dans un fauteuil. La Chambrière, un plumeau à la main, entre et commence à faire le salon.*)

La Chambrière. Je ne vous dérange pas, Monsieur?

Le Gentilhomme. Pas le moins du monde. Justement je pensais à vous et à votre mariage. Voyons, ma fille, voici bien l'été. C'est le temps des fêtes. Il faut vous trouver une robe neuve! Alors s'il arrive quelque valet du voisinage vous demander en mariage, vous serez prête à le recevoir.

La Chambrière. Ma foi, monsieur, je me marierai quand bon vous semblera.

Le Gentilhomme. Je veux que vous soyez habillée d'une belle robe et que l'on dise en vous voyant que j'ai su généreusement récompenser votre service. J'ai du drap, de la fourrure, tout ce qu'il vous faut. Alors, allez tout de

---

[1] **gentil** se prononce (ӡ ᾶ t i).

suite à un bon couturier.   Dites-lui qu'il vous fasse une robe à la dernière mode.

La Chambrière.   Je connais un très bon couturier.

Le Gentilhomme.   Eh bien, ma fille, allez vite le trouver.

La Chambrière.   C'est le maître du garçon, Ésopet.

Le Gentilhomme.   C'est bien.   Allons-y tout de suite.

La Chambrière.   J'y vais tout de suite.   (*Elle sort pour prendre un bahut, rentre dans le salon, puis passe dans la rue.*)

SCÈNE III

Les Mêmes

(*Ici, la scène est double; elle peut se jouer à la fois chez le Gentilhomme et chez le Couturier, grâce aux décors juxtaposés.   Ésopet arrange le fil, ciseaux, etc. sur la table.*)

Le Couturier, *chantant.*

Ils mènent bonne vie et ont de l'agrément,

Les gentils Couturiers, quand ils ont de l'argent.

Ésopet.   Mon maître n'en a pas, et pourtant il chante d'un air content.

Le Couturier.   Je peux bien chanter quand il me plaît, même si cela vous dérange.

Ésopet, *laissant tomber les ciseaux avec grand bruit.*   Alors, à bientôt, mon maître.   (*Il sort.*)

La Chambrière, *avant d'entrer.*   Pour qu'il me fasse une belle robe, je lui porte cette perdrix, et en outre, une aile de chapon.   (*Elle regarde dans le bahut.*)   Je le prierai qu'il fasse de son mieux pour que ma robe soit la mieux faite du monde.   (*Elle entre chez le Couturier.*)   Dieu vous garde!

Le Couturier.   Et vous aussi, mignonne!   Avez-vous besoin de mon art?

La Chambrière.   Oui, je désire que vous me fassiez une robe et sans retard.

Le Couturier.   On vous la fera sur mesure.   Approchez-vous!   Que vous êtes belle!   Que votre taille est bien arrondie!   (*Il la regarde avec complaisance.*)   Quand vous serez habillée par moi, tout le monde vous demandera en mariage.

La Chambrière.   Alors, pour que vous soigniez bien votre ouvrage, je vous donne par dessus le marché, cette perdrix et cette aile de chapon.   (*Elle dépose le bahut sur la table.*)

Le Couturier.   Demoiselle, je vous rends grâce!

La Chambrière.   Seulement gardez une bonne part pour votre apprenti Ésopet.   Il a l'air de souffrir de la faim.

Le Couturier.   Ah!   C'est qu'il est difficile à nourrir. Il n'aime ni perdrix ni chapons.   Mais allez chercher votre drap.

La Chambrière.   Ésopet ne veut manger ni perdrix, ni chapon!   Mais vous ne voulez pas dire que si quelqu'un lui en offrait, il n'en prendrait pas?

Le Couturier.   Si!   Si!   Rien ne lui plaît.   Il déteste la venaison aussi bien que le gibier.

La Chambrière.   Alors, il y a assez de bœuf, mouton, et de porc pour le satisfaire, je crois.   Mais revenons à la robe que vous me ferez.   Je vais aller chercher le drap tout de suite.   (*Elle sort.*)

SCÈNE IV

Le Couturier, *puis* La Chambrière *et* Ésopet

(*Chez le Couturier d'abord, puis dans la rue qui sépare les deux maisons.   Le Couturier seul chez lui, la Chambrière dans la rue, seule d'abord, puis Ésopet.*)

Le Couturier, *seul*. Et, par Saint Pampalion, Ésopet
ne mangera pas de perdrix ni de chapon. Ce n'est pas fait
pour son museau! Qu'il se gorge de pain et d'eau, s'il veut,
et tout sera à moi. (*Il s'installe aussitôt et mange gloutonnement.*)

La Chambrière, *seule dans la rue*. Que je serai belle
dans la robe que le Couturier me fera! (*Apercevant Ésopet
qui rentre.*) Mais voilà son apprenti. Approchez-vous et
expliquez-moi un peu pourquoi vous n'aimez pas la venaison.

Ésopet. La venaison! Parbleu! Je n'ai pas de raison
de l'aimer. Je n'y ai jamais goûté. Je serais très content
au contraire, d'avoir des mets si savoureux. Mais comment
faire pour en avoir?

La Chambrière. Comment? Voici bien comment!
J'ai donné à votre maître une perdrix et une cuisse de gros
chapon. Et il devait, sur ma prière, vous en garder une
bonne part. Mais le vieux renard m'a dit que vous n'aimiez
pas la perdrix ni le chapon. Et je suis sûre qu'il a tout mangé.

Ésopet. Ah çà! Voilà un beau tour qu'il m'a joué, le
mauvais chien! Mais moi, je me vengerai bien et cela sans
plus attendre! «Je n'aime pas la venaison.» Dites-moi
donc, quand allez-vous apporter votre drap chez le Couturier?

La Chambrière. Aujourd'hui même. Venez chez mon
maître et vous pourrez connaître l'heure exacte où nous
porterons le drap.

Ésopet. C'est entendu! Je vous suis. (*La Chambrière
rentre chez le Gentilhomme avec Ésopet.*)

SCÈNE V

Ésopet, Le Gentilhomme, La Chambrière

Le Gentilhomme. Ma fille, avez-vous parlé au Couturier?

La Chambrière. Oui, Monseigneur. «Ma robe vous fera honneur,» m'a-t-il dit. (*Montrant Ésopet.*) Voici son valet.

Le Gentilhomme, *à Ésopet.* Votre maître connaît bien son métier, n'est-ce pas?

Ésopet. Je crois bien, monsieur! Personne en France ne taille avec plus d'élégance, s'il n'a pas la maladie qu'il a . . .

Le Gentilhomme. Quoi? Expliquez-moi donc cette maladie.

Ésopet. Par Saint Pampalion! Je cours souvent un grand danger.

Le Gentilhomme. Mais pourquoi donc?

Ésopet. Il veut manger les gens; quand ce mal le prend il faut le saisir pour le battre. Mais une fois battu, il devient tout à fait raisonnable.

Le Gentilhomme. Puisque nous le savons, c'est bien! Mais n'est-il pas dangereux de confier à cet homme une robe à faire? Si son mal le prend quand il aura les ciseaux, il pourra tuer un homme.

Ésopet. Oui, mais vite nous nous jetons sur lui pour le battre, et après, il fera tout pour nous plaire sans honte ni ressentiment.

Le Gentilhomme. Y a-t-il moyen de savoir au juste quand son mal le menace?

Ésopet. Oh, oui! D'abord, il fait une grimace et regarde de-ci, de-là, et puis il frappe comme ça! (*Geste d' Ésopet.*) Aussitôt il faut qu'on le lie avec une corde, en prenant garde qu'il ne morde! Mais, Monseigneur, c'est un secret, . . .

Le Gentilhomme. Je serai discret. Quand nous apporterons le drap, nous le regarderons de près, et je vous jure sur mon âme que si j'aperçois sa frénésie, je ne me gênerai pas pour l'empoigner et pour le frapper vigoureusement.

Ésopet. Oui, hardiment! Et n'oubliez pas qu'après,
il ne s'en souvient pas du tout. Alors, à bientôt. Venez
donc quand il vous plaira! (*Ésopet sort.*)

SCÈNE VI

Ésopet, *seul*

Ésopet, *dans la rue entre les deux maisons.* Pendant que
mon bon maître mange perdrix rôtie et gras chapon, je lui
prépare un incident moins agréable que le temps qu'il passe
à sa table. Avant l'arrivée du Gentilhomme et de la Chambrière, je cacherai les ciseaux et la craie dans un morceau
de drap sur la table. Mon maître cherchera sans rien
trouver. Alors, impatienté il fera une grimace et il tournera
de place en place. Il regardera de-ci, de-là, et il frappera
sur la table pour faire sonner les ciseaux. . . . En le voyant
se démener, le Gentilhomme croira que son mal le reprend.
Alors, la danse commencera! C'est très bien imaginé, je
pense. (*Ésopet rentre dans la boutique et fait ce qu'il dit.*)

SCÈNE VII

Chez le Couturier

Le Couturier, Le Gentilhomme, La Chambrière, Ésopet
    Le Gentilhomme, *frappant à la porte du Couturier.*
Êtes-vous là?
    Le Couturier. Oui, seigneur, oui, à vos ordres!
    Le Gentilhomme. Je suis heureux de vous voir en bonne
santé. Nous avons apporté le drap pour habiller cette
mignonne. (*Il montre la Chambrière qui sourit.*)

Le Couturier, *regardant l'étoffe.* C'est entendu. L'é-
toffe est bonne. Mais je lui prendrai d'abord mesure. . . .
(*Il cherche sa craie et les ciseaux.*)

Le Gentilhomme, *à la Chambrière.* Faites attention!

La Chambrière. J'y pense. . . .

Ésopet, *à part.* Et moi, j'ai bien caché la craie et les
ciseaux dans un morceau de drap sur la table. Nous allons
voir ce que nous allons voir. (*Le Couturier a beau chercher.
Il fronce les sourcils; il regarde de côté et d'autre avec inquiétude.*)

Le Gentilhomme. Regardez comme il se démène et se
tourne de-ci, de-là. Son mal va le surprendre certainement!
(*Le Couturier frappe sur la table. Aussitôt le Gentilhomme se
jette sur lui et l'empoigne.*) Or çà, mon pauvre vieux, or
çà! On nous a prédit le jeu!

Le Couturier, *se débattant.* Au meurtre! On m'égorge!

Le Gentilhomme, *aidé de la Chambrière.* Ma foi! Qu'il
est fort! On dirait qu'il a le diable au corps.

La Chambrière, *frappant le Couturier.* N'ayez pas peur;
nous vous guérirons. Nous ne frapperons que pour vous
calmer.

Le Couturier. Au meurtre!

Le Gentilhomme, *frappant toujours.* Quel dommage
qu'il faille en venir à des coups de bâton! Mais c'est pour
vous guérir et vous empêcher de nous mordre!

Le Couturier, *se dégageant un peu.* Ah çà, qui vous a
donné l'ordre de me frapper dans ma maison? Vous êtes
fou à lier! Expliquez-moi cette folie. J'ai la tête tout
étourdie des coups que vous m'avez donnés! (*Il se frotte
la tête et les membres.*)

Le Gentilhomme. Vous nous voyez tout étonnés de
vous entendre parler ainsi . . . parce qu'on vient de nous
révéler votre mal[1]. . .

---

[1] **Mal** dans le sens de maladie. **Mal** veut dire ici *ailment, complaint.*

Je n'ai d'autre mal que le mal que vous m'avez fait aujourd'hui!

LE COUTURIER. Je n'ai d'autre mal[1] que le mal que vous m'avez fait aujourd'hui! Mais qui vous a trompés ainsi?

LE GENTILHOMME. C'est votre valet que voici.

LE COUTURIER. Ésopet! Le méchant garçon! Venez, garçon infâme, maudit! D'où vient donc cette invention?

ÉSOPET. C'est pour la punition d'avoir dit que votre apprenti n'aimait ni chapon ni perdrix!

LE GENTILHOMME, *à Ésopet.* Pourquoi avez-vous dit ce mensonge?

LA CHAMBRIÈRE, *au Couturier.* Ah! C'est vrai! Vous m'avez assuré qu'il ne mangeait ni chapon ni perdrix ni venaison.

ÉSOPET, *à son maître.* Quand vous étiez à la maison en train de faire bonne chère, moi, je préparais un bon dessert bien assaisonné de bâton. Si vous m'aviez gardé ma part, je n'aurais pas. . .

LE COUTURIER, *furieux.* Taisez-vous, pendard!

---

[1] **Mal** dans le sens de douleur physique causée par les coups de bâton. **Mal** veut dire *pain, ache.*

Le Gentilhomme, *au Couturier*. Vous venez d'apprendre aujourd'hui qu'on ne doit pas faire à autrui ce qu'on ne veut pas qu'on vous fasse! Souvenez-vous-en bien.

RIDEAU

EXPLICATIONS ET EXERCICES

LA FARCE D'ÉSOPET ET DU COUTURIER

Scènes I à IV

A. Explications:

Tailler: couper.

pour que je n'oublie rien. Pour que demande le subjonctif. Quelques conjonctions qui demandent une construction analogue: bien que, *although;* pourvu que, *provided that;* afin que, *in order that, so that;* avant que, *before;* quoi que, *although.*

il n'y a pas de couturier qui connaisse mieux son métier. Connaisse subjonctif à la suite du verbe à la forme négative, quand il y a une idée de doute.

Faire des observations à qqn.: réprimander, gronder.

il faut qu'un apprenti soit aimable. Il faut que demande le subjonctif.

Penser à. Examinez: Je **pense au** voyage que je vais faire. Que **pensez-vous de** ce livre? **Penser à** veut dire: *to think about, to have one's thoughts on.* **Penser de** veut dire: *to have an opinion about.*

Je veux que vous soyez habillée d'une belle robe et que l'on dise, etc. **Soyez** et **dise** subjonctif. Pourquoi?

Dites-lui qu'il vous fasse une robe. Fasse subjonctif à la suite de **dire** quand il exprime un ordre; mais, Il vous **dira** que tout **est** fini.

Étudiez le plan suivant:

Le Subjonctif.

1. Toujours:
   a. A la suite de certains verbes et expressions qui expriment:
      (1) volonté
      (2) désir
      (3) émotion
      (4) doute
   b. A la suite de certains verbes impersonnels (possibilité, nécessité, etc., mais pas probabilité).
   c. A la suite de certains conjonctions.
2. Quand il y a une idée de doute:
   a. A la suite du verbe à la forme négative.
   b. A la suite du verbe à la forme interrogative.
   c. A la suite de l'adjectif à la forme superlative.
   d. A la suite des expressions: le premier, le dernier, le seul.
   e. A la suite du pronom relatif.

B. Répondez:
1. Que doit préparer Ésopet pour son maître?
2. Pourquoi le Couturier n'a-t-il pas beaucoup de travail, d'après Ésopet?
3. Ésopet que sait-il faire?
4. Pourquoi le Couturier ne lui paye-t-il pas?
5. D'après son maître, Ésopet comment est-il au physique?
6. Que faut-il faire pour apprendre à tailler et à coudre?
7. Pourquoi le Gentilhomme donne-t-il une robe neuve à la Chambrière?   Donnez deux raisons.
8. Qu'a-t-il déjà pour la robe?
9. Qu'apporte la Chambrière au Couturier?   Pourquoi?
10. Que dit-elle qu'il faut faire avec une bonne part?
11. Pourquoi Ésopet a-t-il l'air de souffrir de la faim d'après le Couturier?

C. Verbes:

1. Conjuguez au futur les verbes suivants: tourner, regarder, frapper, faire.

2. Conjuguez au subjonctif présent les verbes suivants: être, avoir, faire, dire, falloir, connaître.

D. Étude du subjonctif:

1. Étudiez les phrases suivantes; indiquez la forme du verbe après **pour que;** mentionnez quelques conjonctions qui demandent une construction analogue; faites entrer ces conjonctions dans des phrases complètes:

   a. Préparez ciseaux, fil, et dé **pour que** je n'**oublie** rien.

   b. **Pour qu'**il me **fasse** une belle robe je lui porte cette perdrix et en outre une aile de chapon.

2. Étudiez les phrases suivantes; en vous servant des exemples donnés comme modèles, faites une phrase originale avec **il faut que:**

   a. **Il faut qu'**un apprenti **soit** aimable et gentil.

   b. **Il faut que** le couturier **fasse** une robe à la dernière mode.

3. Étudiez les phrases suivantes; en vous servant des phrases données comme modèles, faites deux phrases originales avec **je veux que** et **je désire que:**

   a. **Je veux que** vous **soyez** habillée d'une belle robe et que l'on **dise** que j'ai su généreusement récompenser votre service.

   b. **Je désire que** vous me **fassiez** une robe et sans retard.

4. Étudiez la phrase suivante; en vous servant de la phrase donnée comme modèle, faites une phrase originale:

   Il n'y a pas de couturier qui **connaisse** mieux son métier.

E. Conjuguez:

1. Je n'ose plus faire des observations à mes clients.

2. Si je lui en offre, il n'en prendra pas.

3. Si je lui en offrais, il n'en prendrait pas.
4. Rien ne me plaît. Rien ne te plaît . . .
5. Il était aussi fatigué que moi.

F. Étude de mots:

1. Donnez les antonymes des mots suivants: oublier,
   démodé, fermer, habile, ignorer, jeûner, trouver,
   digne, déranger, entrer, difficile.
2. Observez les antonymes suivants; notez le préfix **dé**;
   expliquez le sens de ce préfix:

   a. à la mode   démodé
   b. mêler   démêler
   c. plaire   déplaire
   d. faire   défaire
   e. plaisir   déplaisir
   f. raison   déraison
   g. lier   délier

3. D'après les exemples précédents donnez les antonymes
   des mots suivants: placer, raisonner, planter, ranger.

G. Observez les expressions suivantes; faites entrer ces expressions dans des phrases complètes:

1. faire une robe   *to make a dress*
2. faire une chambre   *to clean up a room*
3. faire une malle   *to pack a trunk*
4. faire une promenade   *to take a walk*

H. Cherchez dans le texte les expressions équivalentes aux
mots en italiques:

1. Le Couturier dit qu'on n'ose plus *réprimander* ses
   apprentis.
2. Un apprenti doit même *ne pas manger s'il le faut*.
3. Le Gentilhomme désire que la Chambrière soit *vêtue*
   d'une belle robe.
4. J'ai *tout le nécessaire* pour faire votre robe.
5. Allez trouver le Couturier *immédiatement*.
6. Le Couturier regarde la belle Chambrière avec *satisfaction*.
7. Ésopet *n'aime pas du tout* la venaison.

Scène IV à la fin

A. Explications:

le museau. Mot populaire pour le **visage.**

Gorger: manger beaucoup, avec excès.

gloutonnement: avec excès.

le vieux renard, *fig.* Un homme fin et rusé.

je suis sûre qu'il a tout mangé. Remarquez bien l'ordre de la phrase.

le mauvais chien. Expression populaire.

Je vous suis. Suis, l'indicatif présent du verbe **suivre.**

Je crois bien! Bien pour donner plus de force au verbe. Dites: *I should say so!, Yes, indeed!*

Aussitôt: au moment même.

en prenant garde qu'il ne morde. Morde subjonctif après **prendre garde.** Ici ne ne se traduit pas.

craignez. Impératif du verbe **craindre.**

Quand nous apporterons le drap. Apporterons futur après **quand.**

à bientôt. *I'll see you soon.*

Avant l'arrivée du Gentilhomme et de la Chambrière peut aussi se rendre: **Avant que le Gentilhomme et la Chambrière arrivent.** Quelle est la forme du verbe **arrivent?** Pourquoi?

de côté et d'autre: de-ci, de-là.

Aussitôt le Gentilhomme se jette sur lui et l'empoigne. Lui pronom disjoint après la préposition **sur.**

Or çà! *Now then!, Look here!*

Vous nous voyez tout étonnés. Tout correspond à **très.**

autrui: les autres, le prochain.

B. Répondez:

1. Le Couturier que fait-il avec la perdrix et le chapon?
2. Quelle question la Couturière demande-t-elle à Ésopet? Quelle réponse lui donne-t-il?
3. Ésopet que veut-il faire?
4. Pourquoi va-t-il chez le Gentilhomme?
5. Quelle est la maladie du Couturier, d'après Ésopet?

6. Que faut-il faire pour le guérir?
7. Le Couturier que fait-il quand la maladie le menace?
8. Ésopet que fait-il avant l'arrivée du Gentilhomme et de la Chambrière?
9. Le Couturier pourquoi fera-t-il la grimace? Pourquoi frappera-t-il sur la table?
10. Le Couturier pourquoi cherche-t-il la craie et les ciseaux?
11. Comment regarde-t-il de côté et d'autre?
12. Que fait le Gentilhomme quand le Couturier frappe sur la table?
13. Le Gentilhomme pourquoi dit-il qu'il le frappe ainsi?
14. Quel est le mal que le Couturier dit qu'il a?
15. Quelle question leur demande-t-il?
16. Quelle est l'explication du garçon?
17. Que dit le Gentilhomme?

C. Conjuguez à l'indicatif présent les verbes suivants: venir, se souvenir, apercevoir, voir.

D. Conjuguez aux temps donnés les phrases suivantes:

1. Personne en France ne taille avec plus d'élégance que moi.
2. Il s'est jeté sur moi pour me battre. Il s'est jeté sur toi pour te battre . . .
3. Si j'aperçois sa frénésie, je ne me gênerai pas pour le frapper.
4. Je ne m'en souviens pas.
5. Je suis heureux de vous voir en bonne santé.
6. Je me suis frotté la tête.

E. Étudiez les phrases suivantes; écrivez-les en mettant comme sujets: le Couturier, nous, Ésopet, vous; traduisez les phrases que vous avez écrites:

1. J'ai beau chercher les ciseaux et la craie, je ne les trouve pas.
2. Je viens de lui révéler mon mal.

F. Étude de mots:

  1. Étudiez le tableau suivant:

Adjectifs		Adverbes	
Masculins	Féminins		
dangereux	dangereuse	dangereuse	ment
vigoureux	vigoureuse	vigoureuse	ment
seul	seule	seule	ment

  2. D'après les modèles précédents complétez le tableau suivant:

Adjectifs		Adverbes
Masculins	Féminins	
heureux		
honteux		
certain		
courageux		

  3. Comment forme-t-on régulièrement l'adverbe en français? Donnez un exemple.

Exercices de Récapitulation

A. Remplacez chaque tiret par un mot convenable:

  1. Préparez ciseaux, fil, et dé ———— ———— je n'oublie rien.

  2. Il n'y a pas de couturier qui ———— mieux son métier.

  3. Ésopet ne fait jamais ————.

  4. Il est gras comme un ————.

  5. Nous commençons ———— faire nos robes.

  6. La Chambrière va avoir une robe ————.

  7. Le Gentilhomme veut que la Chambrière ———— habillée ———— une belle robe.

  8. Ésopet a l'———— de souffrir de la faim.

  9. Il déteste la venaison aussi bien que le ————.

  10. Je n'y ai ———— goûté.

  11. Je suis sûre qu'il a ———— mangé.

  12. Personne en France ———— taille avec plus d'élégance que mon maître.

  13. Je ———— souvent un grand danger.

14. D'abord il fait une ———, et regarde ——— ———
    et puis il ——— comme ça!
15. Il faut prendre garde qu'il ne ———.
16. Si j'aperçois sa frénésie je ne me gênerai pas pour le
    frapper ———.
17. Il ne s'——— souvient pas ——— tout.
18. Souvenez- ——— - ———!
19. Ésopet cachera les ——— et la ——— dans un
    morceau de drap sur la table.
20. Je me jette ——— lui pour le calmer.
21. Je suis heureux ——— vous voir en ——— santé.
22. Le Couturier lui prendra d'abord ———.
23. Quel dommage qu'il ——— en venir à des coups de
    bâton.
24. Il est fou à ———.
25. Vous avez ——— chercher vos ciseaux, vous ne les
    trouverez pas.

B. La dictée:

Le Couturier n'a pas de travail parce qu'il fait des robes
démodées. Ésopet, son apprenti, ne reçoit pas de gages. Il a
souvent faim.

Le Gentilhomme désire donner une robe neuve à la Chambrière. Elle va chez le Couturier. Elle lui apporte une perdrix
et une aile de chapon pour qu'il fasse bien son travail. Elle dit
au Couturier de garder un morceau pour Ésopet. Puis elle
part pour chercher le drap. Le Couturier mange tout et ne
garde rien pour son apprenti. Ésopet est furieux et désire se
venger. Il dit au Gentilhomme que son maître connaît bien
son métier mais qu'il a une maladie grave. Il désire souvent
mordre les gens. Mais si l'on se jette vite sur lui pour le frapper,
il se calmera et après il oubliera les coups de bâton. Le garçon
explique comment la maladie le prend: le Couturier fera une
grimace, il tournera de-ci, de-là, puis il frappera sur la table.
Le Gentilhomme dit que quand le Couturier frappera sur la
table il se jettera sur lui pour le frapper vigoureusement. Le
Gentilhomme dit qu'il apportera le drap bientôt. Ésopet
rentre dans la boutique. Il cache les ciseaux et la craie dans un

morceau de drap sur la table. Le Gentilhomme et la Chambrière arrivent. Le Couturier cherche les ciseaux et la craie pour prendre mesure à la jeune fille. Il ne les trouve pas. Alors il fait une grimace; il regarde de-ci, de-là; il frappe sur la table pour faire sonner les ciseaux. Aussitôt le Gentilhomme se jette sur lui pour le frapper. Le Couturier ne comprend pas et dit:

— Expliquez-moi cette folie.

Le Gentilhomme dit qu'il le frappe pour le guérir de sa maladie.

— D'où vient cette invention? dit le Couturier. C'est donc vous, Ésopet, qui avez dit ce mensonge. Pourquoi avez-vous fait cela, garçon infâme, maudit?

— Parce que vous ne m'avez pas gardé une bonne part de la perdrix. Vous avez tout mangé et vous avez dit à la Chambrière que je n'aimais ni perdrix ni gibier.

— Faites à autrui ce qu'on veut qu'on vous fasse! dit le Gentilhomme. Souvenez-vous-en bien!

C. Traduisez exactement et rapidement en français:

1. Get everything ready so that I won't forget anything.
2. You never do anything.
3. One does not reprove one's apprentices today.
4. Everything is expensive.
5. An apprentice must be agreeable.
6. Not the least in the world.
7. He was thinking about her.
8. I have everything you need.
9. I'll see you soon.
10. I want you to make me a beautiful dress.
11. How beautiful you are!
12. You seem to suffer from hunger.
13. Nothing pleases him.
14. I have never tasted it.
15. I am sure he has eaten everything.
16. Explain this disease to me, will you?
17. We rushed toward him!
18. Take care lest he bite.
19. He doesn't remember it at all.

20. I am glad to see you in good health.
21. You are raving mad.
22. He rubs his head.
23. He looks for his scissors in vain; he will never find
    them.

RÉVISION GÉNÉRALE

RÉVISION GÉNÉRALE

(Find in column B the statement which best identifies each person in column A.)

A	B
1. L'Homme	1. prend la bourse de Calbain.
2. Jaquinot	2. est battu parce qu'il a pris le pâté.
3. Malepaye	3. perd son argent et sa robe.
4. La Femme	4. donne le pâté à un inconnu.
5. Le Chaudronnier	5. chante pour chasser ses soucis.
6. Colette	6. aime Ésopet, le garçon du Couturier.
7. Le Pâtissier	7. ne veut pas tirer sa femme de l'eau. Il dit: «Ce n'est pas sur mon parchemin.»
8. Jaquette	8. donne à l'Homme une épée, une mitre, une barbe, et une moustache.
9. Marion	9. désire que son mari écrive ses ordres sur un parchemin.
10. Le Financier	10. bat sa femme parce qu'elle a mangé le pâté.
11. Le Gentilhomme	11. gagne les cent écus moins un et la robe du Financier.
12. Jeannette	12. gagne le pari qu'elle peut rester silencieuse plus longtemps que son mari.
13. Thomelin	13. dit qu'Ésopet est gras comme un moine.

14. Le Savetier

14. dit à Colette comment elle peut avoir une robe neuve.

15. La Chambrière

15. va chercher trois bouteilles de vin pour Malepaye.

16. Gautier

16. achète une robe neuve pour la Chambrière.

17. La Pâtissière

17. dit: «Qui bien aime, pour le prouver frappe de même.»

18. Le Couturier

18. va en ville dîner avec ses amis.

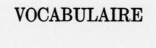

VOCABULAIRE

ABRÉVIATIONS

adj.	adjectif,	*adjective*
adv.	adverbe,	*adverb*
comp.	comparatif,	*comparative*
cond.	conditionnel,	*conditional*
conj.	conjonction,	*conjunction*
contr.	contracté,	*contracted*
2ᵉ	deuxième,	*second*
excl.	exclamation,	*exclamation*
f.	féminin,	*feminine*
fam.	familier,	*familiar*
fig.	figurément,	*figuratively*
fut.	futur,	*future*
inf.	infinitif,	*infinitive*
imparf.	imparfait,	*imperfect*
impér.	impératif,	*imperative*
ind. prés.	indicatif présent,	*present indicative*
inter.	interrogatif,	*interrogative*
interj.	interjection,	*interjection*
m.	masculin,	*masculine*
n.	nom,	*noun*
obj.	objet,	*object*
p.	page,	*page*
part. passé	participe passé,	*past participle*
part. prés.	participe présent,	*present participle*
passé déf.	passé défini,	*past definite*
passé indéf.	passé indéfini,	*past indefinite*
pers.	personne,	*person*
pl.	pluriel,	*plural*
prép.	préposition,	*preposition*
pron.	pronom,	*pronoun*

qch.	quelque chose,	*something*
qqn.	quelqu'un,	*someone*
rel.	relatif,	*relative*
se conj.	se conjugue,	*is conjugated*
sing.	singulier,	*singular*
subj. prés.	subjonctif présent,	*present subjunctive*
subj. imparf.	subjonctif imparfait,	*imperfect subjunctive*
3ᵉ	troisième,	*third*
v.	verbe,	*verb*

VOCABULAIRE

This vocabulary contains the essential irregular forms of the verbs, and some of the less familiar regular forms. The present tense of *avoir* and *être* is omitted as it is reasonably expected that the student has become familiar with these forms. Words similar to English are omitted when the meaning seems perfectly clear.

A

à, au, aux, à l', to, at, in (the)

abaisser, to lower

d'abord, at first

absolument, absolutely

abuser, to abuse, to misuse, to deceive

accomplir, to accomplish, to fulfil

accorder, to give, to grant

l'accueil *m.*, reception, welcome

accueillir, to gather, to pick

acheter, to buy

achever, to finish

adieu, goodbye

admirablement, admirably

adoucir, to soothe, to soften, to sweeten

adresser, to address; **s'———— à,** to apply to, to address

affreux, -se, frightful

afin de, in order to; **————que,** in order that, so that

s'agenouiller, to kneel

agir, to act; **il s'agit de,** it is a question of

agiter, to shake; **s'————,** to fret, to stir about

l'agneau *m.*, lamb

l'agrément *m.*, consent, pleasure, charm

ahuri, -e, dull-witted, scatter-brained, amazed

l'aide *m.*, aid; **à l'———— de,** with the help of

aider, to aid, to help

aie, *voyez* **avoir**

aïe, ah!, ouch!, oh!

aigrir, to make sour, to embitter

l'aiguille *f.*, needle

l'aille *f.*, wing

aille, *voyez* **aller**

ailleurs, elsewhere; **d'————,** besides

aimer, to like, to love; **————mieux,** to prefer

ainsi, thus, so, in this manner

l'air *m.*, air, tune; **avoir l'—— (de),** to look (like), to seem

l'aise *f.*, gladness, content; **à l'——,** at ease, well off

aisément, easily

ait, *voyez* **avoir**

alléger, to lighten, to relieve

aller (vais, va *ind. prés.;* **suis allé,** *etc., passé indéf.;* **va** *mais* **vas-y** *impér.;* **aille** *subj. prés.*), to go, to be (*well*), to become, to fit; **s'en ——,** to go away; **allons!,** come!, come on!, now then!, well!; **allez!,** I can tell you!, take my word for it!; **allons donc!,** pshaw!, nonsense!

allumer, to light, to kindle

alors, at that time, then

l'amande *f.*, almond

l'âme *f.*, soul, spirit, mind

amender, to mend; **s'——,** to reform, to grow better

amer, -ère, bitter

l'ami, -e *m., f.*, friend

amicalement, in a friendly way, kindly

l'amour *m.*, love, affection, fondness

l'ampleur *f.*, dignity

l'an *m.*, year

analogue, similar

ancien, -ne, old, ancient, former

l'âne *m.*, ass, donkey; *fig.*, blockhead, dunce

l'ange *m.*, angel

anglais, -e, English

l'Anglais, -e, Englishman, Englishwoman

l'anguille *f.*, eel

l'animal (*pl.* **animaux**), *m.*, animal; *fig.*, blockhead

apercevoir (*se conj. comme* **recevoir**), to perceive, to espy, to notice

apparaître (*se conj. comme* **connaître**), to appear

appartenir (à) (*se conj. comme* **venir**), to belong (to)

appeler, to call

appétissant, -e, appetizing

appliquer, to apply, to lay on

apporter, to bring

apprendre (*se conj. comme* **prendre**), to learn, to teach, to hear

l'apprenti, -e *m., f.*, apprentice

approcher, to approach; **s'—— (de),** to draw near

après, after; **d'——,** according to

l'ardeur *f.*, ardor

l'argent *m.*, silver, money

l'armoire *f.*, cupboard, closet

arrêter, to stop, to arrest, to decide definitely on; **s'——,** to stop

arrière, *adv.*, behind, backward

arrière!, *interj.*, back!, stand back!; en ———, back!, off!

l'arrivée *f.*, arrival, coming

arrondir, to round

assaisonner, to season, to flavor

asseoir (asseyant *part. prés.;* assis *part. passé;* assied *et* assoit, assoient *ind. prés.*), to seat; s'———, to sit down, to take a seat

asseyant, *voyez* asseoir

assez, enough, rather

assied, *voyez* asseoir

assis, *voyez* asseoir

assoi(en)t, *voyez* asseoir

assommer, to knock down, to stun; *fig.*, to bore, to plague

assuré, -e, sure, steady, confident

assurément, to be sure, assuredly

atteindre (atteint *part. passé*), to reach, to be a match for; la partie atteinte, the injured part (*of the body*)

atteint, *voyez* atteindre

attendre, to wait (for), to expect

attentivement, attentively

attirer, to attract, to draw

attraper, to catch, to cheat, to overtake; attrapez cela!, take that!

l'aubaine *f.*, godsend, good thing, lucky chance

l'auberge *f.*, inn

au-dessous, below

au-dessus, above

aujourd'hui, today

l'aumône *f.*, alms, charity

auprès, near, close by; ——— de, near, beside, with

aurai (s), *voyez* avoir

l'aurore *f.*, dawn, break of day

aussi, also; ——— bien que, as well as

aussitôt, directly, forthwith

autant (de), as much, as many; ——— que, as, as much as, in so far as

l'autel *m.*, altar

autoritaire, authoritative

l'autorité *f.*, authority, influence

autre, other

autrefois, formerly

autrui, others, (our) (your) fellowmen

avais, *voyez* avoir

avaler, to swallow, to gulp down

avant (de), before; ——— que, before

avare, stingy

avec, with

l'avenir *m.*, future

l'aventure *f.*, adventure; à l'———, at random

l'avis *m.*, opinion, advice

avoir (ayant *part. prés.;* eu *part. passé;* avais, *etc., imparf.;* eus, *etc., passé déf.;* aurai, *etc., fut.;* aurais, *etc., cond.;* **aie, ayons, ayez** *impér.;* **aie, ait** *subj. prés.;* **eût** *subj. imparf.*), to have; **qu'avez-vous?**, what is the matter with you?; —— **beau,** to do in vain; —— **besoin de,** to need; —— **faim,** to be hungry; —— **froid,** to be cold; —— **soif,** to be thirsty; **il y a,** there is, there are

ayant, *voyez* avoir
ayez, *voyez* avoir
ayons, *voyez* avoir

B

babiller, to prattle, to chat
le **bahut,** trunk, chest
bâiller, to gape, to yawn
le **balai,** broom
le **banc,** bench
le **baquet,** tub
la **barbe,** beard
bas, basse, low
la **bastonnade,** cudgelling
bat, *voyez* battre
le **bâton,** stick
bats, *voyez* battre
battre (**bats, bat** *ind. prés.*), to beat; **se** ——, to fight
beau, bel, belle, fine, beautiful, handsome
beaucoup (**de**), much, many
la **belle-mère,** mother-in-law
bénir, to bless
bercer, to rock, to lull
le **berceau,** cradle

le **berger,** shepherd
la **bergère,** shepherdess
la **bergerette,** lass, country lass
la **berlue,** dimness of sight; **vous avez la** ——, something is wrong with your eyesight
la **besogne,** work, job
besogneux, -se, needy, in want
le **besoin,** need; **avoir** —— **de,** to need, to be in need of; **au** ——, in case of need
le **bien,** good, welfare, property
bien, well, very, much; **eh** ——!, well!
bienheureux, -se, blessed, happy
bientôt, soon, shortly; **à**——, I'll see you soon
bis! (**s** *se prononce*), again!, encore!
bizarrement, oddly
la **blague,** *fam.,* jesting, humbug; **la bonne** ——, apple sauce!, hot air!
blanc, -che, white
blême, wan, pallid
blesser, to wound, to hurt, to offend
bluter, to bolt, to sift
le **bœuf,** beef, ox
boire (**bu** *part. passé;* **bois, boit** *ind. prés.;* **buvais,** *etc.,* *imparf.;* **buvez** *impér.*), to

drink; —— un coup, (*fam.*), to take a drink

bois, *voyez* boire

le bois, wood

boit, *voyez* boire

bon, bonne, good; à quoi ——?, what's the use?

le bonheur, happiness, good luck, piece of luck

le bonjour, good day, good morning

boucher, to stop, to cork

bouger, to move, to budge, to stir

bouillir (bout *ind. prés.*), to boil

le boulanger, baker

la boulangère, baker, baker's wife

le bourgeois, person of the middle class.

la bourgeoise, person of the middle class

le Bourguignon, inhabitant of Burgundy (*voyez note, page 113*)

le bourreau, hangman, executioner, tormentor

la bourrique, ass; *fig.*, blockhead

bourru, -e, surly, cross

la bourse, purse, money

bousculer, to jostle

bout, *voyez* bouillir

le bout, end; pousser à ——, to exasperate

la bouteille, bottle

la boutique, shop

le bras, arm

bref, brève, short, brief

le brigand, scoundrel, brigand

la brimade, hazing, hard or rough treatment

le bruit, noise, sound, disturbance

bruler, to burn, to scorch

brusquement, suddenly, abruptly

bruyamment, noisily

bu, *voyez* boire

buvais, *voyez* boire

buvez, *voyez* boire

C

ça, *contr. pour cela*, that

çà, *interj.* come!; or ——!, now then; ah ——!, I say!, but see here!

cacher, to hide; se ——, to hide

la cachette, hiding place; en ——, secretly

le cachot, dungeon

le cadeau, gift

cajoler, to cajole, to wheedle

la canaille, scoundrel

le cancre, crab; vous êtes aussi vif qu'un ——!, you are as cross as a bear!

le caniche, poodle

le caquet, chatter

caqueter, to chatter

car, for, because

casser, to break

la **cause,** cause, law suit

causer, to cause, to chat, to talk

la **cave,** cellar

ce, c', *pron.,* it, this, that

ce, cet, cette, *adj.,* this, that; **ces,** these, those

ceci, this

ceignez, *voyez* **ceindre**

ceindre (ceignez *impér.*), to bind, to tie

la **ceinture,** belt, girdle

cela, that

celui, celle, he, she, him, her, this, that, the one

le **cent,** hundred

la **centaine,** hundred

la **cérémonie,** ceremony

certainement, certainly

certes, truly, most certainly

le **cerveau,** brain, intelligence

la **cervelle,** brain, intelligence

la **cesse, sans ——,** incessantly

cesser (de), to cease, to leave off, to stop

chacun, -e, each, everyone; —— **à son tour,** each one in his turn

la **chaise,** chair

la **chambrière,** maid

le **champ,** field, country

changeant, *voyez* **changer**

changer (de) (changeant *part. prés.*), to change

le **chanoine,** canon

la **chanson,** song, ditty; *fig.,* nonsense

chanter, to sing; **que voulez-vous me chanter là?,** what are you saying there?, what are you trying to tell me?

le **chanteur,** singer

la **chapelle,** chapel

le **chaperon,** hood

le **chapon,** capon

chaque, each, every

le **charbon,** coal, charcoal

charger, to load, to charge, to intrust

la **charité,** charity

charmant, -e, charming, lovely

la **charpente,** framework

la **chasse,** hunting, shooting

chasser, to hunt, to shoot, to drive away

chaud, -e, warm, hot, ardent

le **chaudron,** caldron, kettle

le **chaudronnier,** coppersmith

chauffer, to heat, to warm

la **chaussure,** boots, shoes

le **chemin,** way, road

la **cheminée,** chimney, fireplace, mantelpiece

la **chemise,** wrapper, shirt

cher, -ère, dear, expensive

chercher, to seek, to look for

la **chère,** fare; **faire bonne ——,** to feast; **faire maigre ——,** to live simply; **faire grande ——,** to feast

chez, at, at the house of, among, with

le **chien,** dog

le **chiffre,** figure, cipher

choisir, to choose

la **chose,** thing

le **chou,** cabbage

le **chrétien,** Christian

la **chrétienne,** Christian

ci, here; **de-ci, de-là,** here and there, back and forth

le **ciel** (*pl.* **cieux**), sky, heaven, heavens

le **cierge,** taper

cinq, five

cinquante, fifty

cinquième, fifth

les **ciseaux** *m.*, scissors

le **cœur,** heart; **de bon ———,** willingly

coiffer, to put on the head, to provide with a hat

le **coin,** corner

la **colère,** anger

combien (de), how much, how many

comme, *conj.*, as, like

comme, *adv.*, how, in what manner

comment, how

la **commère,** gossip, friend

commettre (*se conj. comme* **mettre**), to commit, to intrust, to appoint

le **compagnon,** companion, fellow

compatir, to sympathize

le **compère,** crony, gossip

le **complaisance,** complacency

comprendre (*se conj. comme* **prendre**), to comprehend, to understand

compter, to count, to record

conduire, to conduct, to lead, to bring, to accompany

le **conférencier,** lecturer

la **conférencière,** lecturer

confier, to trust, to commit

confondre, to confuse, to abash

connais, *voyez* **connaître**

connaissant, *voyez* **connaître**

connaisse, *voyez* **connaître**

connaissez, *voyez* **connaître**

connaît, *voyez* **connaître**

connaître (**connaissant** *part. prés.;* **connu** *part. passé;* **connais, connaît** *ind. prés.;* **connaissez** *impér.;* **connaisse,** *etc., subj. prés.*), to know, to be acquainted with

connu, *voyez* **connaître**

le **conseil,** counsel, advice

conseiller, to counsel, to advise

consentir (*se conj. comme* **dormir**) (**à**), to consent (to), to agree (to), to be willing (to)

considérer, to consider, to gaze at, to contemplate

construire (**construit** *part. passé*), to construct

construit, *voyez* **construire**

contenir (*se conj. comme* **venir**), to hold, to contain, to keep back; se ———, to keep one's temper

content, -e, pleased, contented

contenter, to satisfy; se ——— (de), to be satisfied (with)

conter, to relate, to tell

contraire, contrary, adverse; au ———, on the contrary

contrarier, to vex

contre, against

contredire (*se conj. comme* dire), to contradict

convenir (*se conj. comme* venir) (de), to agree (to, on); il convient, it is fitting; j'en conviens, I grant you this

conviens, *voyez* convenir

convient, *voyez* convenir

coquet, -te, coquettish, pretty, elegant, nice

le coquin, rogue, rascal

le cor, horn

le corps, body

correspondre, to correspond

corriger, to correct

cossu, -e, well dressed, substantial

la côte, rib

le côté, side; mettre de ———, to lay aside; à ——— de, beside, by the side of; de ——— et d'autre, on all sides

le cou, neck

coudre, to sew

couler, to flow, to run, to scald

la couleur, color

la coulisse, side scenes, wings

le coup, blow, strike; ——— d'état, sudden revolution, decisive act; ——— de feu, shot; manquer son ———, to miss his aim, to fail; ——— d'œil, glance, view; ——— de pied, kick; à ——— sûr, certainly; ——— de tête, capricious decision; ——— de théâtre, unexpected, sensational event; tout à ———, suddenly

la coupe, cut, shape

couper, to cut

la cour, yard, court; faire la ———, to make love, to court

courant, *voyez* courir

coure, *voyez* courir

courez, *voyez* courir

courir (courant *part. prés.;* cours, court *ind. prés.;* courez *impér.;* coure *subj. prés.*), to run, to run about

le courroux, anger

cours, *voyez* courir

la course, race, errand

court, *voyez* courir

court, -e, short

coûter, to cost

le couturier, dressmaker, ladies' tailor

la couturière, dressmaker

le couvert, cover

couvrir (*se conj. comme* ouvrir), to cover

la craie, chalk

craignant, *voyez* craindre

craignez, *voyez* craindre

craindre (craignant *part. prés.;* crains *ind. prés.;* craignez *impér.*), to fear

crains, *voyez* craindre

la crainte, fear, dread; de ——— que, for fear that

creux, -se, hollow, empty

le cri, cry, scream

criard, -e, loud, shrill, noisy

crier, to cry, to scream, to shout

croire (croyant *part. prés.;* crois *ind. prés.*), to believe, to trust, to think; je crois bien!, yes, indeed!

crois, *voyez* croire

croiser, to cross, to fold

le croquemitaine, goblin

la croûte, crust, pie

croyant, *voyez* croire

le cruchon, earthenware bottle, small jug

cueillir, to pick, to gather

le cuir, skin, leather

cuire (cuit *part. passé*), to cook

la cuisine, kitchen

le cuisinier, cook

la cuisinière, cook

le cuisse, leg, thigh

cuit, *voyez* cuire

le cupidon, cupid

la cure, care, cure

la cuve, vat, tub

le cuvier, washtub

D

daigner, to deign, to condescend

dame!, indeed!, why!, well!

la dame, lady

damner, to doom, to damn

dangereux, -se, dangerous

dans, in

davantage, more, any more, any longer

de, du, de la, de l', des, of, from, to (the), some, any

le dé, thimble

débattre, to argue; se ———, to struggle

debout, standing, upright

de-ci, de-là, here and there, back and forth

décider, to decide; se ——— à, to decide to

le décor, decoration, scene

défendre, to defend, to forbid; se ———, to defend oneself; se ——— de, to refrain from

dégageant, *voyez* dégager

dégager (dégageant *part. prés.*), to clear, to release; se ———, to free oneself; d'un air dégagé, in an unconcerned manner

dehors, outside, out of doors; au ———, outside; du ———, from outside

déjà, already

délicieux, -se, delicious

demain, tomorrow

la demande, question, request; belle ———!, fine question!

demander, to ask for, to request

démêler, to disentangle, to unravel

se démener, to fret, to bustle

la demeure, dwelling, abode, home

démodé, -e, out of fashion

la demoiselle, young lady, girl

le démon, fiend, devil

démordre (de), to give up

la dent, tooth

la dentelle, lace

dépêcher, to dispatch; se ———, to hurry

déplaire (se conj. comme plaire), to displease

déposer, to lay down

depuis, from, since

déranger, to disturb

le dérivé, derivative

dériver, to derive

dernier, -ère, last, latest

dérouler, to unroll

derrière, behind; par ———, from behind

dès, from, since

descendre, to go down, to stop (at a hotel)

désespéré, -e, in despair, despairing, hopeless

désormais, henceforth

dessous, below

dessus, above, over

la détresse, distress

la dette, debt

deux, two

deuxième, second

devais, voyez devoir

le devant, front

devant, before, in front of

devenir (se conj. comme venir), to become

devez, voyez devoir

devoir (dû part. passé; dois, doit, devons, devez ind. prés.; devais, etc., imparf.; ai dû, etc., passé indéf.; devrai, etc., fut.; devrais, etc., cond.; dût subj. imparf.), to owe, to have to, to be obliged to

le devoir, duty

devons, voyez devoir

devrai (s), voyez devoir

le diable, devil, fellow

la dictée, dictation

le Dieu, God; (bon) ———, God; mon dieu, goodness!, heavens!; dieu, god

difficile, difficult

digérer, to digest

digne, worthy, dignified

le dîner, dinner

dîner, to dine

dire (dit part. passé; dis, dit, disons, dites ind. prés.; disais, etc., imparf.; ai dit, etc., passé indéf.; dis, etc., passé déf.; dis, dites impér.;

dise, *etc., subj. prés.*), to say, to tell, to recite, to relate; **dites donc!,** say!

dis, *voyez* **dire**

disais, *voyez* **dire**

le **discours,** speech, language

discret, -ète, cautious, unobtrusive

dise, *voyez* **dire**

disjoint, -e, disjunctive

disons, *voyez* **dire**

disparaître (*se conj. comme* **connaître**), to disappear, to vanish

dispos, alert, cheerful

disposer (de), to dispose (of); **se ———,** to make ready

dit, *voyez* **dire**

dites, *voyez* **dire**

divers, -e, various, different

le **doigt,** finger

dois, *voyez* **devoir**

doit, *voyez* **devoir**

le **dommage,** injury, damage; **ce (il) serait ———,** it would be a shame, it would be too bad; **quel ———,** what a pity

donc, then, therefore; **regardez ———,** just look at

donner, to give

dormant, *voyez* **dormir**

dormais, *voyez* **dormir**

dorme, *voyez* **dormir**

dorment, *voyez* **dormir**

dormir (**dormant** *part. prés.;* **dors, dort, dorment** *ind.*

prés.; **dormais,** *etc., imparf.;* **dorme,** *etc., subj. prés.*), to sleep

dormitif, -ve, poudre dormitive, sleeping powder

dors, *voyez* **dormir**

dort, *voyez* **dormir**

le **dos,** back

doux, -ce, sweet, gentle

doucement, softly, gently, mildly

la **douleur,** pain, grief

le **doute,** doubt

douter, to doubt; **se ———,** to surmise; **se ——— (de),** to suspect

la **douzaine,** dozen

le **drap,** sheet, cloth

dresser, to raise, to set up, to draw up; **se ———,** to stand up, to straighten up, to stand erect, to rise

le **droit,** right

la **droite,** right; **à ———,** on the right

droit, -e, right

dû, *voyez* **devoir**

dûment, duly

dur, -e, hard

durer, to last, to hold out, to wear well

dût, *voyez* **devoir**

E

l'eau *f.,* water

l'échelle *f.,* ladder

échoir, to befall, to happen, to fall, to fall to

l'écolier, -ère *m., f.,* school boy, school girl

écouter, to listen to, to hear

l'écran *m.,* screen

écrire (écrivant *part. prés.;* **écrit** *part. passé;* **écris, écrit** *ind. prés.;* **écrivez** *impér.;* **écrive,** *etc., subj. prés.*), to write

écris, *voyez* **écrire**

écrit, *voyez* **écrire**

écrivant, *voyez* **écrire**

écrive, *voyez* **écrire**

écrivez, *voyez* **écrire**

l'écu *m.,* coin

l'écuelle *f.,* porringer, bowl

l'effet *m.,* effect; **en ———,** in fact

effronté, -e, impudent, brazen

l'égal *m.,* equal; **ça m'est ———,** it is all the same to me, it is quite immaterial to me

égoïste, selfish, egotistical

égorger, to cut the throat of, to kill

égoutter, to dry, to drip dry

l'élève *m., f.,* pupil, scholar

élever, to raise, to lift up, to bring up; **s'———,** to be built

elle, elles, she, it, her, they, them

s'éloigner, to go away, to walk away, to leave

embêter, to bore

embrasser, to kiss, to embrace

émerveillé, -e, wonderstruck

emmener, to take away

l'émoi *m.,* emotion, anxiety

empêcher (de), to prevent (from), to hinder

l'emplette *f.,* purchase

l'emploi *m.,* employ, use

employer, to use; **s'———,** to be used

empoigner, to clutch, to lay hold of

l'emporté, -e *m., f.,* quick-tempered, fiery person

emporter, to carry off, to take away

s'empresser, to hasten, to be eagerly attentive

emprunter(à), to borrow(from)

en, *prép.,* in, at, to, like

en, *pron.,* of, about, by, *ou* from (him, her, it, *ou* them), some, any

enchanter, to delight

enchevêtré, -e, entangled

encore (en *poésie, on peut écrire* **encor),** again, still, yet, besides

encourir, to incur, to undergo, to run the risk of

l'encre *f.,* ink

l'encrier *m.,* inkstand

s'endormir (se *conj. comme* **dormir),** to go to sleep, to fall asleep

l'endroit *m.,* place

enfiler, to thread

enfin, at last, lastly, in short

enfoncer, to thrust, to thrust down

l'**ennemi, -e** *m., f.,* enemy

l'**ennui** *m.,* melancholy, tediousness, annoyance

s'**enrager,** to be furious

l'**enseigne** *f.,* signboard, sign; **à la même** ———, in the same predicament

ensemble, together

ensuite, then, next, afterwards

entendre, to hear, to understand; **s'** ———, to agree; **c'est entendu,** it is agreed, all right

l'**entorse** *f.,* sprain

l'**entrée** *f.,* entrance

entrer, to enter

entr'ouvert, -e, ajar

s'**entr'ouvrir** (*se conj. comme* **ouvrir**), to half open, to open a little

envelopper, to cover, to wrap

enverrai, *voyez* **envoyer**

envers, towards, to

l'**envie** *f.,* envy, longing; **avoir** ——— **de,** to have a mind to, to wish to

envoyer (**enverrai,** *etc., fut.*), to send

l'**épaule** *f.,* shoulder

l'**épée** *f.,* sword

épouser, to marry

l'**époux, -se** *m., f.,* husband, wife

l'**équilibre** *m.,* balance

l'**escabeau** *m.,* stool

l'**escarcelle** *f.,* purse

l'**espèce** *f.,* kind, sort

espérer, to hope, to expect

l'**espoir** *m.,* hope

essentiellement, essentially

essuyer, to wipe, to wipe away

l'**estomac** *m.,* (c *ne se prononce pas*), stomach

l'**estrade** *f.,* platform

et, and

l'**établi** *m.,* workbench

l'**étage** *m.,* story, floor

étais, *voyez* **être**

l'**étalage** *m.,* shop window; *fig.,* display

étant, *voyez* **être**

l'**été** *m.,* summer

été, *voyez* **être**

étendre, to spread, to extend

l'**étoffe** *f.,* stuff, cloth

l'**étonnement** *m.,* surprise

étonner, to surprise

étourdi, -e, giddy, heedless

étouffer, to stifle, to smother, to hush up

être (**étant** *part. prés.;* **été** *part. passé;* **suis** *ind. prés.;* **étais** *imparf.;* **fus,** *etc., passé déf.;* **serai,** *etc., fut.;* **serais,** *etc., cond.;* **sois, soyons, soyez** *impér.;* **sois, soit, soyons** *subj. prés.;* **fût** *subj. imparf.*), to be

l'**étrenne** *f.,* gift

étroit, -e, narrow, tight

l'étude *f.*, study

étudier, to study

l'étuve *f.*, drying stove, oven

eu, *voyez* avoir

eus, *voyez* avoir

eût, *voyez* avoir

eux, they, them

éveillé, -e, awake

éveiller, to rouse, to awaken; s'———, to awaken, to be aroused

l'évier *m.*, sink

exactement, exactly

l'examen *m.*, examination

l'excès *m.*, excess

l'explication *f.*, explanation

expliquer, to explain

exprimer, to express

exquis, -e, exquisite, delicious

F

fâcher, to displease, to grieve, to anger; se ———, to get angry

facile, easy

facilement, easily

la façon, fashion, manner

le fagot, bundle of wood, faggot

faible, weak, feeble

faille, *voyez* falloir

la faim, hunger

faire (faisant *part. prés.;* fait *part. passé;* fais, fait, faisons, faites, font *ind. prés.;* faisais, *etc., imparf.;* fis,

etc., *passé déf.;* ferai, *etc., fut.;* ferais, *etc., cond.;* fais, faites *impér.;* fasse, *etc., subj. prés.*), to do, to make; ——— mal à, to hurt; ——— de son mieux, to do one's best; ——— la cour à, to make love to; ——— mine de, to pretend; faites vite, be quick about it

fais, *voyez* faire

faisais, *voyez* faire

faisant, *voyez* faire

faisons, *voyez* faire

le fait, fact

fait, *voyez* faire

faites, *voyez* faire

falloir (faut *ind. prés.;* fallait *imparf.;* faudra *fut.;* faille *subj. prés.*), to be necessary; il (lui) faut, (he) needs, (he) must have

fameux, -se, famous

familier, -ère, familiar

fasse, *voyez* faire

le faubourg, suburb, outskirts

le faucon, falcon

faudra, *voyez* falloir

faut, *voyez* falloir

la faute, mistake, fault; faire ———, to fail

le fauteuil, armchair

feindre (*se conj. comme* craindre), to pretend

la femme, woman, wife

fendre, to split, to break

ferai (s), *voyez* faire

ferme, *adj.*, firm, steady
ferme, *adv.*, firmly, fast, hard
fermer, to close
le festin, feast
la fête, festival, merry-making
le feu, fire; *fig.*, heat, flame
la feuille, leaf, sheet
la ficelle, thread, string
se fier à, to trust, to rely on
la figure, form, shape, face
le fil (l *se prononce*), thread
la fille, daughter, girl
la fin, end
fin, -e, delicate, keen, shrewd
finir, to finish
fis, *voyez* faire
flotter, to float, to drift, to hesitate
la foi, faith; ajouter —— à, to believe; ma ——, upon my word
la foire, fair
la fois, time; à la ——, at the same time
la folie, madness, folly, foolish thing
le fond, bottom, back part; à ——, thoroughly; au ——, at the back, at the bottom
font, *voyez* faire
fort, -e, *adj.*, strong, powerful
fort, *adv.*, very, loudly
fou, fol, folle, mad, insane; —— à lier, raving crazy
le fouet, whip
le four, oven

fourbir, to polish
fourrer, to thrust, to stow
la fourrure, fur
franc, -che, free, frank, candid
français, -e, French
le Français, Frenchman
la Française, Frenchwoman
frapper, to strike, to knock
la frénésie, frenzy
la frime, sham
fripon, -ne, roguish
le fripon, knave, imp
la friponne, knave, imp
froid, -e, cold
froncer, to wrinkle; —— les sourcils, to knit one's brows, to frown
frotter, to rub; se ——, to rub oneself
fuir, to run away
furieux, -se, furious
fus, *voyez* être
le fusil (l *ne se prononce pas*), gun
fût, *voyez* être

G

le gage, pledge; *pl.*, wages
gageons, *voyez* gager
gager (gageons *impér.*), to wager, to bet
gagner, to gain, to win, to reach
gai, -e, gay
gaiement, gaily
la gaieté, cheerfulness, gaiety
le gant, glove

garantir, to warrant, to vouch for

le **garçon,** boy

garder, to keep, to preserve, to watch over; se ——— de, to beware of; **gardez-vous bien de rire,** take care not to laugh

gâter, to spoil, to injure

la **gauche,** left; à ———, at the left

le **gendarme,** mounted policeman

gêner, to trouble, to inconvenience

généreusement, generously

le **genou,** knee

les **gens,** people

gentil, -le, nice, kind, polite, pleasant

le **gentilhomme,** gentleman, nobleman

gentiment, nicely

la **gentillesse,** kindness

le **geste,** gesture

le **gibet,** gallows

le **gibier,** game; ——— **de potence,** gallows-bird

la **glace,** ice, pane, looking-glass

glacer, to freeze

glisser, to slide; se ———, to creep

gloutonnement, gluttonously

se **gorger,** to gorge oneself

gourmand, -e, greedy

le **gourmand,** glutton

la **gourmande,** glutton

gourmander, to chide, to lecture

le **goût,** taste, flavor

goûter, to taste, to relish

la **goutte,** drop

la **grâce,** grace, favor, thankfulness; ——— à, thanks to; de ———, please

la **graisse,** grease, richness

grand, -e, great, tall, large, wide

la **grand'chose, pas ———,** nothing much, not much

la **grandeur,** greatness, highness

gras, -asse, fat, plump

le **gré,** pleasure

le **grenier,** loft, attic

gris, -e, gray, drunk, tipsy

grogner, to grumble

gronder, to growl, to scold

gros, -osse, big, large, great

guère, not many, but few; ne . . . ———, hardly, scarcely

guérir, to cure, to heal

le **guichet,** gate, window

le **guignon,** bad luck

la **guise,** way, fashion; à (sa) ———, as (he) pleases

H

(The ' indicates an aspirate **h**)

habile, skilful, clever, crafty

l'**habilité** *f.*, cleverness, ability

habiller, to dress

l'**habit** *m.*, coat; *pl.* clothes

'**hardiment,** boldly

le '**hasard,** chance

'**hasardeux, -se,** risky, venturesome

la '**hâte,** haste, hurry; **à la** ———, in haste

'**hâter,** to hasten, to hurry; **se** ——— (**de**), to hasten (to), to hurry (to)

'**haut, -e,** *adj.*, high

'**haut,** *adv.*, aloud

héberger, to lodge, to entertain

'**hein!,** what!

hélas! (s *se prononce*), alas!

l'**heure** *f.*, hour, time; **tout à l'**———, presently (*avec un verbe au futur*); a while ago (*avec un verbe au passé*)

heureux, -se, happy, fortunate

hier, yesterday

l'**histoire** *f.*, story, fuss, nonsense

'**holà!,** hallo!, hold!

l'**homme,** *m.*, man

honnête, honest, upright

l'**honneur** *m.*, honor

la '**honte** *f.*, shame, disgrace

'**huitième,** eighth

humblement, humbly

l'**humeur** *f.*, mood, temper, whim

I

ici, here

l'**idée** *f.*, idea

il, ils, he, it, they

imaginer, to imagine; **s'**———, to fancy

immobile, motionless

impatienter, to put out of patience; **s'** ———, to grow restless, to fret

importer, to signify; **qu'importe?,** what does it matter?

incliner, to incline, to bow; **s'** ———, to bow, to submit

l'**inconnu, -e** *m.*, *f.*, stranger

l'**incrédulité** *f.*, incredulousness, unbelief

indiquer, to point out, to indicate

infâme, infamous

l'**infâme** *m.*, *f.*, wretch

l'**inquiétude** *f.*, anxiety, uneasiness

inscrire (*se conj. comme* **écrire**), to write down, to enter

insensé, -e, foolish, absurd

installer, to install, to fit up; **s'**———, to settle down

interrompre, to interrupt, to break off; **s'** ———, to stop

inutile, useless, needless, unnecessary

l'**invité, -e** *m.*, *f.*, guest

ivre, drunk

l'**ivresse** *f.*, drunkenness, intoxication

J

jacasser, to chatter

jamais, never, ever; **ne . . .**
——, never; —— **de la
vie,** never
le **jardin,** garden
jaser, to chatter, to gossip
je (j'), I
jeter (jette, jetons *ind. prés.*)**,**
to throw; **se** —— **sur,** to
fall upon, to rush upon
jetons, *voyez* **jeter**
jette, *voyez* **jeter**
le **jeu,** game, acting
jeûner, to fast
jeune, young
joli, -e, pretty, lovely
joliment, prettily, nicely, very
much, soundly
jouer, to play; —— **un tour,**
to play a trick
le **jour,** day
joyeusement, merrily, joyfully
joyeux, -se, glad, merry, joyful
le **juge,** judge
le **jugement,** judgment, sentence, sense
juger, to try, to pass sentence
on, to judge, to think
jurer, to swear
jusqu'à, until, to
juste, just, right; **au** ——,
exactly
justement, precisely, justly
juxtaposer, to place side by
side

L

là, there

là-bas, yonder, over there
le **lacet,** noose
lâcher, to loosen, to let go
laisser, to leave, to let, to let
alone; —— **tranquille,** to
let alone
le **lait,** milk
lancer, to hurl, to throw, to
fling
lanturelure, *a humming sound
that corresponds in a way to
«la, la, la!»*
le **lard,** bacon
la **largesse,** liberality, bounty
la **larme,** tear
las (s *se prononce*)**,** alas (*voyez*
hélas)
lasser, to weary, to tire
laver, to wash, to scour
la **leçon,** lesson
léger, -ère, light, nimble
le, la, l', les, the, him, it, her,
them
lentement, slowly
la **lenteur,** slowness, dullness
lequel, who, which, that, whom
la **lessive,** dirty linen; **faire la**
——, to wash (*clothes*)
leur, *adj.,* their
leur, *pron.,* to them
le **lever,** rising, getting up
lever, to raise, to lift up; **se**
——, to rise, to get up
la **lèvre,** lip
lier, to bind, to tie; **être fou à**
——, to be raving crazy

le **lieu,** place; **avoir** ———, to take place

limiter, to limit; **se**———**à,** to confine oneself to

le **linge,** linen

lire (**lisant** *part. prés.;* **lu** *part. passé;* **lis, lit, lisons** *ind. prés.;* **lis, lisez** *impér.*), to read

lis, *voyez* **lire**

lisant, *voyez* **lire**

lisez, *voyez* **lire**

lisons, *voyez* **lire**

le **lit,** bed

lit, *voyez* **lire**

la **loi,** law

le **loisir,** leisure

longtemps, a long time, a long while

le **loquet,** latch

lorsque, when

le **loup,** wolf

lourd, -e, heavy, clumsy

lu, *voyez* **lire**

lui, he, to him, to her, it

M

maigre, lean, thin, meagre

la **main,** hand

maint, -e, many a, a great many

maintenant, now

mais, but

la **maison,** house, home

le **maître,** master

la **maîtresse,** mistress

mal, ill, badly

le **mal,** evil, ill, pain, ache, ailment, complaint; **faire** ——— **à,** to hurt

la **maladie,** illness, disease

maladroit, -e, awkward, unskilful

malgré, in spite of

le **malheur,** unhappiness, misfortune

malheureux, -se, unhappy, unfortunate

le **malheureux,** wretched person, unfortunate person

la **malheureuse,** wretched person, unfortunate person

malin, maligne, mischievous, sly

maltraiter, to mistreat

maman, mamma

la **manche,** sleeve

mangeassent, *voyez* **manger**

manger (**mangeassent** *subj. imparf.*), to eat

manquer, to fail, to be wanting (in), to be lacking, to miss

le **manteau,** cloak

le **marchand,** shopkeeper, dealer, merchant

la **marchande,** shopkeeper, dealer, merchant

le **marché,** market, bargain; **par-dessus le** ———, into the bargain, to boot

marcher, to go, to walk

le **mari,** husband

marier, se ——— **avec qqn.,** to marry some one

le **marmot,** "brat", child

marquer, to mark, to stamp

le **marteau,** hammer, knocker

marteler, to hammer, to torment

le **matin,** morning

maudire (*se conj. comme* **dire**), to curse

maudit, -e, confounded

mauvais, -e, bad, wicked

me, me, to me

méchant, -e, wicked, spiteful

meilleur, -e, better; **le, la** ———, **-e,** best

mêler, to mix, to blend, to jumble; **se** ——— **de,** to meddle in, to interfere in

le **membre,** limb

même, *adj.,* same, very, self-same

même, *adv.,* even; **à vous de** ———, the same to you

menacer, to threaten

le **ménage,** housekeeping, household; **faire bon** ———, to live in good harmony, to agree

ménager, to spare, to be careful of, to procure

mener, to lead, to take, to govern

le **mensonge,** lie, falsehood

le **menteur,** liar

la **menteuse,** liar

le **menton,** chin

menu, -e, slender, small

le **menu,** minute detail, particulars

le **mépris,** contempt, scorn

la **merci,** mercy, pity

le **merci,** thanks

merci, thank you

la **mère,** mother

méritoire, deserving

merveille, à ———, wonderfully

le **messager,** messenger

la **messagère,** messenger

le **messire,** master, sir

la **mesure,** measure

met, *voyez* **mettre**

le **métier,** trade, work

mets, *voyez* **mettre**

le **mets,** dish, food

mettant, *voyez* **mettre**

mette, *voyez* **mettre**

mettez, *voyez* **mettre**

mettre (**mettant** *part. prés.;* **mis** *part. passé;* **mets, met, mettez** *ind. prés.;* **mettez** *impér.;* **mette,** *etc., subj. prés.*), to put, to set, to place, to put on; ——— **de côté,** to lay aside; **se** ——— **à,** to begin to; **se** ——— **à table,** to sit down at the table

meurs, *voyez* **mourir**

meurt, *voyez* **mourir**

le **meurtre,** murder

le **meurtrier,** murderer

la **meurtrière,** murderess

le **mien,** mine

la **mienne,** mine

la **miette,** crumb

mieux, better; **le** ———, the best; **de son** ———, the best he can

mignon, -ne, pretty, lovely

le mignon, darling

la mignonne, darling

le milieu, middle

la mine, appearance, look; **faire** ——— **de,** to pretend

le minuit, midnight

mis, *voyez* **mettre**

la misère, poverty, distress

la mitre, mitre (*a covering for the head worn by church dignitaries*)

la mode, fashion, mode; **à la dernière** ———, in the latest style

moi, I, me, to me

moindre, lesser, smaller; **le** ———, the least

le moine, monk, friar

moins, less; **au** ———, at least; **pas le** ——— **du monde,** not in the least

la moitié, half

mon, ma, mes, my

le monde, world, people; **tout le** ———, everybody

la monnaie, money, change; **rendre à qqn. la** ——— **de sa pièce,** to pay back some one in his own coin

Monseigneur (*title*), your lordship

monsieur, sir, mister, gentleman

monter, to go up, to raise

montrer, to point out, to show

se moquer (de), to laugh (at), to make fun (of)

moqueur, -se, mocking, taunting

le moqueur, scoffer, mocker

la moqueuse, scoffer, mocker

le morceau, piece, morsel

mordre, to bite

mort, *voyez* **mourir**

mort, -e, dead, lifeless

la mort, death

le mot, word

mou, mol, molle, soft

mouiller, to wet, to drench, to soak

le moulin, mill

mourir (**mort** *part. passé;* **meurs, meurt** *ind. prés.;* **suis mort** (**e**) *passé indéf.*), to die; **plutôt** ———! I'd rather die!; **se** ———, to be near death

la moustache, moustache

le mouton, sheep, mutton

la mouture, grinding, grain

le moyen, means, way

muet, -te, dumb, speechless, mute

le mur, wall

le museau, nose; *fam.,* mug

le musée, museum

N

naïf, -ve, artless, naïve

ne, n', not; **ne . . . pas,** not;

ne . . . jamais, never; ne
. . . que, but, only; ne
. . . plus, no more, no longer;
ne . . . rien, nothing; n'est-
ce pas?, is it not so?;
ne . . . ni . . . ni, neither
. . . nor

net, -te, neat, clean

neuf, -ve, new

la noblesse, nobility, nobleness

noircir, to blacken

le nom, name

nommer, to name, to call, to
appoint

non, no, not; mais ———!,
why no!

notre, nos, *adj.*, our

le nôtre, *pron.*, ours, our own

la nôtre, *pron.*, ours, our
own

nourrir, to feed, to nourish

la nourriture, food, nourish-
ment

nous, we, us

nouveau, nouvel, nouvelle,
new, fresh, recent; de ———,
again, anew

la nuit, night

nul, -le, no, not one, none

O

obéir (à), to obey

l'obéissance *f.*, obedience, submission

obéissant, -e, obedient

l'objet *m.*, object, thing

l'obligeance *f.*, obligingness

l'observation *f.*, observation;
faire des ———, to repri-
mand

occuper, to occupy; s' ———,
to be busy, to busy oneself

l'œil (*pl.* yeux), *m.*, eye, look;
coup d'———, glance, view

l'offrande *f.*, offering

offrir (*se conj. comme* ouvrir),
to offer

l'oie *f.*, goose

on, one, people, we, you, they,
somebody

l'or *m.*, gold

or, now; ——— çà, now then

l'oreille *f.*, ear

oser, to dare, to venture

ôter, to take away, to remove;
ôtez-vous de là!, get out!

ou, *conj.*, or

où, *adv.*, where

oublier, to forget, to overlook

oui, yes; oui-da!, (yes) indeed!

ouiche!, oh yes!, whew!

l'outil *m.* (1 *ne se prononce
pas*), tool, implement

outre, further, beyond; en
———, besides, moreover

ouvert, *voyez* ouvrir

ouvert, -e, open

l'ouvrage *m.*, work

ouvrais, *voyez* ouvrir

ouvrant, *voyez* ouvrir

ouvre, *voyez* ouvrir

ouvrez, *voyez* ouvrir

l'ouvrier, -ère, workman, work-
woman

ouvrier, -ère, working

ouvrir (ouvrant *part. prés.;* ouvert *part. passé;* ouvre, *etc., ind. prés.;* ouvrais, *etc., imparf.;* ouvrez *impér.*), to open

P

le pacte, pact, covenant

paie, *voyez* payer

le pain, bread

la paix, peace, quiet

le palais, palace

se pâmer, to swoon, to faint

la pâmoison, swoon, fainting fit

le panache, plume

le papier, paper

par, by, through, out of

paraître (*se conj. comme* connaître), to appear

parbleu!, to be sure!, of course!, by Jove!

parce que, because

le parchemin, parchment

pareil, -le, alike, the same, similar

parer, to adorn

parfait, -e, perfect

le parfum, perfume, fragrance

le pari, bet, wager

parier, to bet, to wager

parler, to speak, to talk

la parole, word, speech

pars, *voyez* partir

la part, part, portion; à ———, aside; de la ——— de, on

the part of, from; de (ma) ———, from (me)

le partage, lot, share

partager, to share, to divide

partant, *voyez* partir

parte, *voyez* partir

particulier, -ère, particular, peculiar; en ———, especially

la partie, part

partir (partant *part. prés.;* pars *ind. prés.;* suis parti (e), *etc., passé indéf.;* parte, *etc., subj. prés.*), to depart, to leave, to go

partout, everywhere

le pas, step; de ce ———, immediately; faire un ———, to take a step

pas, not; ne . . . ———, no, not; ——— du tout, not at all

passer, to pass; se ———, to take place, to happen

le passe-temps, pastime, sport

la pâte, paste, dough

le pâté, pie, blot

le patain, small coin, a skate, a spring plate

le pâtissier, pastry-cook

la pâtissière, pastry-cook

le patron, employer, patron

pauvre, poor

le pauvre, beggar, pauper

payer (paie *ind. prés.*), to pay, to pay for

la peine, trouble, sorrow

penaud, -e, abashed

pendable, hanging; *fig.*, abominable

pendant, during; ——— **que,** while

le **pendard,** rogue

la **pendarde,** rogue

pendre, to hang, to hang up

penser (à), to think (of)

la **perche,** pole, perch

perdre, to lose, to ruin, to waste

la **perdrix,** partridge

périr, to perish, to die

permettre (*se conj. comme* **mettre**), (**de**), to allow, to permit, to let

personne, nobody, anybody; **ne . . . ———,** nobody

la **perte,** loss, ruin

la **peste,** plague; *fig.*, pest

petit, -e, little, small

pétrir, to knead

peu, little, few

la **peur,** fear, fright; **avoir ——— de,** to be afraid of, to fear; **de ——— que,** for fear that

peut, *voyez* **pouvoir**

peut-être, perhaps

peux, *voyez* **pouvoir**

le **pied,** foot

la **pierre,** stone

le **pignon,** gable

pis, worse; **tant ———,** so much the worse

la **pitance,** pittance, scanty fare

piteux, -se, pitiful

piteusement, pitifully, piteously

la **pitié,** pity

la **place,** place, room, square

plaider, to sue, to plead; **se ———,** to be pleaded, to be tried

plaire (à) (**plu** *part. passé;* **plais, plaît** *ind. prés.*), to please, to be agreeable (to); **s'il vous plaît,** please

plais, *voyez* **plaire**

plaisant, -e, pleasant, pleasing

le **plaisant,** jester, joker

la **plaisante,** jester, joker

la **plaisanterie,** joke, jest, pleasantry

le **plaisir,** pleasure, delight

plaît, *voyez* **plaire**

planter, to plant, to drive in, to set; **se ———,** to place oneself

le **plat,** dish

le **plâtre,** plaster

plein, -e (de), full (of), whole, entire

pleurer, to cry, to weep

pleut, *voyez* **pleuvoir**

pleuvoir (pleut *ind. prés.*), to rain, to pour down

le **pli,** fold, pleat, crease

plu, *voyez* **plaire**

la **plume,** feather, pen, quill

le **plumeau,** feather duster, broom

plus, more; le ———, the most; **ne . . .** ———, no more; **ni moi non** ———, nor I either; **ni** ——— **ni moins,** exactly; **de** ——— **en** ———, more and more

plusieurs, several

plutôt, rather, sooner; ——— **mourir!,** I'd rather die!

la **poche,** pocket

point, not, no; **ne . . .** ———, not, no

le **point,** point, speck; **sur le** ——— **de,** about to; **à ce** ———, to that extent

la **politesse,** politeness, good breeding

populaire, popular

le **porc,** pork, pig

la **porte,** door, gate

porter, to carry, to take, to wear; **se** ———, to be

poser, to lay down, to place, to ask (*a question*)

le **pot,** jug, tankard, pot; ——— **au feu,** stew, boiled beef

la **potence,** gallows; **gibier de** ———, gallows-bird

la **poudre,** powder; ——— **dormitive,** sleeping powder

pour, for, on account of; ——— **que,** in order that

pourrai (s), *voyez* **pouvoir**

le **pourpoint,** doublet, jerkin

pourquoi?, why?

pourtant, however, yet, still

pourvoir (pourvu *part. passé*), to provide, to supply

pourvu, *voyez* **pourvoir**

pourvu que, provided that

pousser, to push, to drive, to utter

pouvant, *voyez* **pouvoir**

pouvez, *voyez* **pouvoir**

pouvoir (pouvant *part. prés.;* **pu** *part. passé;* **puis** *ou* **peux, peut, pouvez** *ind. prés.;* **pourrai,** *etc., fut.;* **pourrais,** *etc., cond.;* **puisse,** *etc., subj. prés.*), to be able, can; **il se peut,** it is possible

précédent, -e, preceding

prédire (*se conj. comme* **dire**), to predict, to foretell

préférer, to like better, to prefer

premier, -ère, first, former, foremost

prenant, *voyez* **prendre**

prend, *voyez* **prendre**

prendre (prenant *part. prés.;* **pris** *part. passé;* **prends, prend, prenez** *ind. prés.;* **prends, prenez** *impér.;* **prenne,** *etc., subj. prés.*), to take, to seize, to catch; **qu'est-ce qui vous prend?,** what has come over you?; **je vous prends au mot,** I take your word for it

prends, *voyez* **prendre**

prenez, *voyez* **prendre**

prenne, *voyez* **prendre**

préparer, to prepare, to make ready; **se ⸺ (à),** to get ready (to)

près (de), near, close by; **de ⸺,** closely

présenter, to introduce, to present; **se ⸺,** to present oneself, to appear

presque, almost, nearly

presser, to press, to hurry; **se ⸺,** to hurry

prêt, -e, ready, willing

prétendre, to pretend, to maintain, to mean

la **prétention,** pretention, claim

prêter, to lend

la **preuve,** proof, evidence

prier, to pray, to entreat, to ask

la **prière,** prayer

pris, *voyez* **prendre**

le **prix,** price, value, prize

le **prochain,** neighbor

le **produit,** outcome, product

le **projet,** design, purpose

se **promener,** to take a walk

la **promesse,** promise

promettre (*se conj. comme* **mettre**), to promise

promptement, promptly

le **propos,** talk, conversation; **à ⸺,** by the way, opportunely, in the nick of time; **à tout ⸺,** at every turn

proposer, to propose, to offer; **se ⸺,** to have in view, to purpose

propre, own, suitable, clean, neat

protéger, to protect

pu, *voyez* **pouvoir**

puis, then, next

puis, *voyez* **pouvoir**

puisque, since, as

puisse, *voyez* **pouvoir**

la **punition,** punishment

Q

quand, when, at what time; **⸺ même,** even though, in spite of everything, even if, all the same

quant à, as for

quarante, forty

quatorze, fourteen

quatre, four

quatre-vingts, eighty; **quatre-vingt-dix-neuf,** ninety-nine

quatrième, fourth

que, qu', *adv.,* how

que, qu', *conj.,* that, as, than

que, qu', *pron.,* what; **qu'est-ce ⸺?,** what?

quel, -le, what, who

quelconque, whatever, whatsoever

quelque, some, any; **⸺ chose,** something, anything

quelquefois, sometimes, at times

quelqu'un, -e, somebody

quémander, to beg, to solicit

la **querelle,** quarrel

querir, to fetch

qui?, *pron. inter.,* who?, which?

qui, *pron. rel.,* that, who, whom

quinzaine, about fifteen, fortnight

quinzième, fifteenth

quitte, quits, free, rid of

quitter, to part with, to leave

quoi, what, which, that; *excl.* what!, how!, **de** ———, wherewith, wherewithal; **eh,** ———!, now, really!

quoique, though, although; ——— **qu'il arrive,** whatever may happen

R

le **râble,** back

raconter, to tell, to relate

radieux, -se, beaming, radiant

radoucir, to soften, to allay

raide, stiff

railler, to jeer, to mock, to jest

la **raison,** reason, sense; **avoir** ———, to be right; **donner** ——— **à,** to decide in favor of

raisonnable, sensible, reasonable

ramasser, to pick up, to gather

ranger, to set in order

rapidement, quickly

rappeler, to call again, to recall, to remind; **se** ———, to remember

rapporter, to bring back

rapprocher, to bring closer; **se** ——— **(de),** to draw near again (to), to approach

rassasier, to satiate, to appease, to satisfy

rasseoir (*se conj. comme* **asseoir**), to seat again; **se** ———, to sit down again

rattraper, to overtake, to catch up, to make up for (*lost time*)

ravissant, -e, charming, lovely

le **rebord,** edge, border

recevant, *voyez* **recevoir**

recevez, *voyez* **recevoir**

recevoir (**recevant** *part. prés.;* **reçu** *part. passé;* **reçois, reçoit** *ind. prés.;* **reçus,** *etc., passé déf.;* **recevrai,** *etc., fut.;* **reçois, recevez** *impér.*), to receive, to accept

recevrai (s), *voyez* **recevoir**

réclamer, to demand, to claim

reçois, *voyez* **recevoir**

reçoit, *voyez* **recevoir**

reconnaissant, -e, grateful, thankful

reconnaître (*se conj. comme* **connaître**), to know, to admit

reçu, *voyez* **recevoir**

récurer, to scour

reçus, *voyez* **recevoir**

redoubler, to renew, to increase

redresser, to straighten up, to set up again; **se** ———, to straighten up, to sit upright, to stand erect

refaire (*se conj. comme* **faire**), to do again, to make again, to repair; **se** ———, to recruit one's strength, to retrieve (one's losses)

refermer, to close again

réfléchir (**à**), to reflect, to think (about), to throw back

le **régal,** feast

régaler (**de**), to treat (to), to entertain; **se** ———, to enjoy oneself, to feast

regarder, to look at, to consider, to gaze

le **registre,** register; **tenir** ———, to keep a record

régler, to regulate, to rule, to order

la **reine,** queen

relever, to raise, to pick up

relire (*se conj. comme* **lire**), to read again

reluire, to shine, to glitter

remarquer, to observe, to notice, to remark

le **remède,** remedy, cure

remédier, to remedy, to cure

remercier, to thank

remettre (*se conj. comme* **mettre**), to deliver, to give; **s'en** ——— **à,** to leave it to, to rely on; **se** ——— **à,** to begin again to

remplacer, to replace

remplir, to fill

remuer, to move, to stir, to shake

le **renard,** fox; *fig.*, shrewd fellow

rencontrer, to meet, to come across

rendormir (*se conj. comme* **dormir**), to lull to sleep again; **se** ———, to go to sleep again

rendre, to give back, to render; **se** ———, to go, to give in, to surrender; ——— (**malheureux**), to make (unhappy); ——— **l'âme,** to give up the ghost

se **rengorger,** to bridle up, to swagger, to puff oneself up

rentrer (**dans**), to return (to), to reënter (*the house*)

repaître, *fig.*, to feast; **se** ———, to feed, to feast

réparer, to repair, to mend

repartir (*se conj. comme* **partir**), to start again, to go again

le **repas,** meal, repast

répéter, to say again, to repeat

la **réplique,** reply, answer

répondre, to answer, to reply

la **réponse,** response, answer

le **repos,** rest, quiet

reposer, to rest; **se** ———, to rest

reprendre (*se conj. comme* **prendre**), to take again, to begin again, to resume

réprimander, to rebuke, to reprove

résigner, to resign; **se** ——— **(à),** to be resigned (to), to submit (to)

résoudre, to resolve; **se** ——— **(à),** to resolve (to), to determine (to), to decide (to)

respirer, to breathe

ressentir (*se conj. comme* **dormir**), to feel

le **ressentiment,** resentment

rester, to remain, to stay; ——— **en place,** to keep still

le **résultat,** result

le **retard,** delay; **en** ———, late

retenir (*se conj. comme* **venir**), to keep, to hold back, to prevent, to remember

retirer, to take away, to take out, to remove; **se** ———, to withdraw, to retire

le **retour,** return; **(être) de** ———, (to be) back

retourner, to return, to go back; **se** ———, to turn around

retrancher, to cut off, to take away; **se** ———, to restrain oneself

réveiller, to wake up; **se** ———, to awake, to be revived

révéler, to disclose, to discover

revenir (*se conj. comme* **venir**), to come back

rêver, to dream

revoir (*se conj. comme* **voir**), to see again; **au** ———, goodbye

ri, *voyez* **rire**

riant, *voyez* **rire**

riche, rich, wealthy

le **riche,** rich person

la **richesse,** wealth, riches

le **rideau,** curtain

rien, nothing, anything; **ne . . . plus** ———, nothing more

la **ripaille,** feast; **faire** ———, to feast

rire (**riant** *part. prés.;* **ri** *part. passé;* **ris, rit** *ind. prés.*), to laugh; ——— **de,** to take lightly

ris, *voyez* **rire**

la **risette,** smile

risquer, to risk, to venture

rit, *voyez* **rire**

la **robe,** robe, gown

le **roi,** king

le **rogaton,** remnant, scrap

rond, -e, round

rôtir, to roast

le **rouleau,** roll, scroll

le **ruban,** ribbon

la **rue,** street

le **ruisseau,** gutter, brook, stream

la **ruse,** ruse, trick

rusé, -e, cunning, crafty

rustique, rustic

S

le **sable,** sand, gravel

le **sac,** sack

sachant, *voyez* **savoir**

sache, *voyez* **savoir**

sachez, *voyez* **savoir**

sage, wise, well-behaved

le **sage,** wise man

saigner, to bleed

Votre Sainteté, Your Holiness

sais, *voyez* **savoir**

saisir, to seize, to grasp

sait, *voyez* **savoir**

le **salon,** drawing-room; **faire le** ———, to clean the drawing-room, to put the drawing-room in order

saluer, to greet, to bow to

le **salut,** greeting, safety, rescue, salvation

salut!, hail!

le **sang,** blood

sans, without; ——— **que,** without

la **santé,** health

saoul (l *ne se prononce pas*), drunk, "full"

satisfaire, to satisfy, to gratify, to please

satisfait,-e (de), satisfied (with)

saurai, *voyez* **savoir**

sauver, to rescue, to save

le **savetier,** cobbler

savez, *voyez* **savoir**

savoir (**sachant** *part. prés.;* **su** *part. passé;* **sais, sait, savons, savez** *ind. prés.;* **saurai,** *etc., fut.;* **sais, sachez** *impér.;* **sache,** *etc., subj. prés.*), to know, to know how to; ——— **bon gré à qqn. de qch.,** to be grateful to some one for something

savons, *voyez* **savoir**

savoureux, -se, savory

le **scélérat,** scoundrel

sceller, to seal

sec, sèche, dry

sécher, to dry

secouer, to shake, to rouse

secourir (*se conj. comme* **courir**), to help, to relieve

seigneurial, lordly

le **seigneur,** lord, nobleman; **le Seigneur,** Lord

selon, according to

semblable, similar, alike

le **semblant,** seeming, appearance; **faire** ———, to pretend

sembler, to seem, to appear; **quand bon vous semblera,** when you think it proper

le **sens,** sense, way, direction

sentir (*se conj. comme* **dormir**), to feel, to be conscious of, to smell

séparer, to separate, to divide

septième, seventh
serai (s), *voyez* être
sérieux, -se, grave, thoughtful
le sérieux, seriousness
serrer, to press
la serrure, lock
la serviette, napkin
servir (*se conj. comme* dormir),
  to serve; se ——— de, to
  use
le seuil, threshold
seul, -e, only, single
seulement, only, solely, but
si, *adv.*, so, yes; mais ———,
  why yes
si, *conj.*, if
le siècle, century
le siège, seat
signer, to sign
signifier, to mean
simplement, simply, merely
simultané, simultaneous
sinon, otherwise, if not, except
le sire, sire, lord
situé, -e, situated
sixième, sixth
la soif, thirst; avoir ———, to
  be thirsty
soigner, to take care of, to
  look after
le soin, care, attention
sois, *voyez* être
soit, *voyez* être
soit . . . soit, either . . . or
soixante, sixty
sombre, dark, gloomy, dismal

la somme, sum; ——— toute,
  after all, in the main; en
  ———, in short
le sommeil, sleep; avoir ———,
  to be sleepy
sommeiller, to slumber, to doze
son, sa, ses, his, her, its, one's
songer (à), to think (of), to
  consider, to bear in mind
songeur, -se, dreamy
le songeur, dreamer
la songeuse, dreamer
sonner, to sound, to ring
sort, *voyez* sortir
sortant, *voyez* sortir
la sorte, sort, kind, manner;
  de la ———, thus, in this
  way
sortent, *voyez* sortir
sortir (sortant *part. prés.;* sort,
  sortent *ind. prés.;* est sorti
  (e) *passé indéf.*), to go
  out, to come out, to
  stick out, to get out
sot, -te, foolish, senseless
le sot, fool, simpleton
la sotte, fool, simpleton
sottement, foolishly
la sottise, foolishness, folly
le sou, penny
le souci, care, anxiety
souffler, to blow, to breathe,
  to pant
le soufflet, slap
souffrir (*se conj. comme* ouvrir),
  to suffer, to grieve, to allow,
  to tolerate

soulager, to relieve

le **soulier,** shoe

la **soumission,** submission, obedience

soupçonner, to suspect

le **sourcil** (l *ne se prononce pas*), eyebrow; **froncer les ——s,** to knit one's brows

sourd, -e, deaf

le **sourd,** deaf person

la **sourde,** deaf person

le **sourire,** smile

sourire (*se conj. comme* **rire**), to smile

sous, under, beneath

se **souvenir** (**de**) (*se conj. comme* **venir**), to remember

souvent, often

souverain, -e, sovereign

le **souverain,** sovereign

soyez, *voyez* **être**

soyons, *voyez* **être**

spécifique, specific

le **spectateur,** spectator

su, *voyez* **savoir**

suis, *voyez* **suivre** *et* **être**

suit, *voyez* **suivre**

suite, tout de ——, immediately; **à la —— de,** following

suivre (**suis, suit** *ind. prés.*), to follow

le **sujet,** subject; **au —— de,** about

superflu, -e, superfluous, needless

supplier, to beseech, to entreat

supporter, to endure, to support

sur, on, upon, over

surplomb, en ——, out of perpendicular, overhanging

surprendre (*se conj. comme* **prendre**), to catch unawares, to surprise

surtout, chiefly, above all

T

le **tableau,** picture, scene; **—— noir,** blackboard

tâcher (**de**), to try (to)

la **taille,** size, height, cutting, waìst

tailler, to cut out

le **tailleur,** tailor

taire (**tais, tait** *ind. prés.;* **tais, taisez** *impér.*), to be silent; **se ——,** to hold one's tongue, to keep silent

tais, *voyez* **taire**

taisez, *voyez* **taire**

tait, *voyez* **taire**

la **taloche,** slap in the face, cuff, blow

le **talon,** heel

tandis que, while

tant, so much

tantôt, presently, just now

le **tapage,** racket, noise

tard, late

tarder, to delay

le **tas,** heap, lot

te, t', (to) you, (to) thee

tel, -le, such, like

téméraire, rash, daring, foolhardy

le téméraire, foolhardy man

témoigner, to express, to show

la tempête, storm

le temps, time, season, weather; de ——— en ———, from time to time

tendre, soft, tender

tendre, to stretch, to hold out

la tendresse, tenderness

tenir (se conj. comme venir), to hold, to keep; ——— à ce chiffre, to insist on this number; ——— à faire qch., to be desirous of doing something; tiens!, tenez!, look here!, indeed!, is that so!; ne tenez pas pareil langage, do not use such language

la tentation, temptation

tenter, to attempt, to tempt, to allure

la terre, earth, land, world

la tête, head, brains, wits

têtu, -e, stubborn

le tien, thine, your

la tienne, thine, your

tire lire, *humming sound similar to «la, la, la!»*

tirer, to pull, to draw; s'en ———, to get along, to get out (*of a scrape*), to succeed

le tiret, dash

le tissu, cloth

le titre, title, right

toi, (to) thee, (to) you

la toilette, dress

tomber (est tombé (e) *passé indéf.*), to fall; laisser ———, to drop

ton, ta, tes, thy, your

le ton, accent, voice

le tort, wrong, fault

tordre, to wring

toujours, always, ever, still

le tour, turn, trip; ——— à ———, alternately, in turn; à (son) ———, in (his) turn

tourmenter, to worry, to plague

tourner, to turn; se ———, to turn around

la tournure, shape, outline, gait

tout, -e, tous, toutes, *adj.*, all, every, whole

tout, *adv.*, very; ——— à fait, entirely; ——— de suite, immediately; pas du ———, not at all

tout, -e, tous (s *se prononce*), toutes, *pron.*, all, everything

tracasser, to worry

traduire (traduisez *impér.*), to translate

la traduction, translation

le train, pace, rate; être en ——— de faire qch., to be busy doing something

le trait, stroke, feature, dash

traiter, to treat, to use; ———
en, to treat as

tranquille, quiet, peaceful

tranquillement, quietly

le **travail,** work

travailler, to work

travers, à ———, through,
across

la **treille,** spreading vine, vine
arbor

tremper, to dip, to soak

trépasser, to die

très, very, most

le **trésorier,** treasurer

la **trésorière,** treasurer

le **tréteau,** trestle; *pl.,* the
boards

la **trique,** cudgel

triste, sad

trois, three

troisième, third

tromper, to deceive, to cheat;
se ———, to make a mis-
take

trop, too, too much, too many

trotter, to trot; *fig.,* to gad
about

le **trou,** hole

trouver, to find; se ———, to
happen to be, to find oneself

le **truand,** scamp

tu, thou, you

tuer, to kill, to murder

U

un, -e, a, an, one

usité, -e, used

l'**ustensile** *m.,* implement, uten-
sil

utile, useful

V

va, *voyez* **aller**

vaillant, -e, valiant, brave

vais, *voyez* **aller**

le **vaisseau,** vessel, ship

la **vaisselle,** dishes

valoir, to be worth; **il vaut
mieux,** it is better; **il vaut
(bien) la peine (de),** it is
well worth while (to)

varier, to vary

vaut, *voyez* **valoir**

vécu, *voyez* **vivre**

veiller (à), to watch (for), to
sit up, to see to it

le **velours,** velvet

la **venaison,** venison

venant, *voyez* **venir**

venez, *voyez* **venir**

venger, to avenge; **se** ———,
to take revenge

venir (venant *part. prés.;* **venu**
part. passé; **viens, vient,
venons, venez, viennent**
ind. prés.; **est venu (e)**
passé indéf.; **vins, vint** *passé
déf.;* **viendrai,** *etc.,* *fut.;* **vien-
drais,** *etc., cond.;* **viens, venons, venez** *impér.*), to
come; ——— **de,** to have
just; **en** ——— **à,** to come
to, to go the length of

venons, *voyez* **venir**

le **ventre,** stomach

venu, *voyez* **venir**

le **venu, le premier** ———, the first comer, anyone

la **vergogne,** shame; **sans** ———, u n b l u s h i n g l y, shamelessly

véritable, true, genuine

la **vérité,** truth

verrai (s), *voyez* **voir**

le **verre,** glass

le **vers,** verse, line

vers, toward, to

verser, to pour, to spill

vert, -e, green

la **veste,** jacket, coat

le **vêtement,** garment

vêtir (vêtu *part. passé*), to clothe; **se** ———, to dress

veuille, *voyez* **vouloir**

veuillez, *voyez* **vouloir**

veut, *voyez* **vouloir**

veux, *voyez* **vouloir**

le **victoire,** victory

vide, empty, vacant

vider, to empty

la **vie,** life, living

la **vieillesse,** old age, age

vieillir, to grow old

viendrai (s), *voyez* **venir**

viennent, *voyez* **venir**

viens, *voyez* **venir**

vient, *voyez* **venir**

vieux, vieil, vieille, old, old-fashioned, worn out

le **vieux,** old man; **mon** ———, old fellow

vif, -ve, alive, lively, spirited, sharp

vigoureux, -se, vigorous, sturdy

vigoureusement, vigorously

la **vigueur,** vigor, strength

le **vilain,** villain, mean person

la **vilaine,** villain, mean person

la **ville,** town, city

le **vin,** wine

vingt, twenty

la **vingtaine,** twenty

vins, *voyez* **venir**

vint, *voyez* **venir**

vis-à-vis, opposite, toward

vite, quickly, fast

vivant, *voyez* **vivre**

vivant, living; **de ton** ———, during your life

vive, *voyez* **vivre**

vivement, in a lively way, quickly, eagerly

vivent, *voyez* **vivre**

vivre (vivant *part. prés.;* **vécu** *part. passé;* **vive, vivent** *subj. prés.*), to live

voici, here is, here are

voilà, there is, there are

voir (voyant *part. prés.;* **vu** *part. passé;* **vois, voit, voyons, voyez** *ind. prés.;* **voyais,** *etc., imparf.;* **verrai,** *etc., fut.;* **verrais,** *etc., cond.;* **vois, voyons, voyez** *impér.*), to see, to behold, to examine; **voyons!,** come!, now!, see here!

vois, *voyez* voir
voisin, -e, neighboring
le voisin, neighbor
la voisine, neighbor
le voisinage, neighborhood, vicinity
voit, *voyez* voir
la voix, voice
voler, to steal, to fly
le volet, shutter
le voleur, thief, robber
la volonté, will; à ———, at pleasure
volontiers, willingly, gladly
votre, vos, your
voudrai (s), *voyez* vouloir
voulais, *voyez* vouloir
voulant, *voyez* vouloir
voulez, *voyez* vouloir
vouloir (voulant *part. prés.;* voulu *part. passé;* veux, veut, voulez *ind. prés.;* voulais, *etc., imparf.;* voudrai, *etc., fut.;* voudrais, *etc., cond.;*

veux, voulez, veuillez, *impér.;* veuille *subj. prés.*), to wish, to want; ——— dire, to mean; ——— bien, to be willing to, to consent; que voulez-vous donc?, what can you expect?; comment voulez-vous que . . . ?, how do you expect that . . .?; veuillez, have the kindness to
voulu, *voyez* vouloir
vous, you
voyais, *voyez* voir
voyant, *voyez* voir
voyez, *voyez* voir
voyons, *voyez* voir
vrai, -e, true, genuine
vraiment, truly, right, really
vu, *voyez* voir

Y

y, there, in it, thither, hither
yeux, eyes (*voyez* œil)